틈틈이, 한 편 한 편

3분 만에 읽는 삼국유사

틈틈이, 한 편 한 편

3분 만에 읽는 삼국유사

장창호 편저

도서출판 월인

“한산(閑山)의 친구, 김라원에게”

작가의 말

1. 그 속삭임에

현재에서 먼 기억일수록 원형에 가깝다. 빛이 바랠 것 같다가도 갈수록 또렷해지는 오랜 기억들. 그러한 순간은 삶의 중요한 페이지라서 시간을 거슬러 반작인다. 곱씹다 보면 저도 모르게 튀어나오는 말처럼 부지런한 기억은 할 말을 길어 올린다. 그 무언가를 말하고 싶은 안달의 힘으로 지금껏 살아왔는지도 모른다.

가령 고등어를 요리한다고 치자. 녀석의 배를 따는 순간 내장과 함께 바다의 성분들이 쏟아진다. 멸치도 나오고, 조가비와 문어도 나오고, 심해의 상어와 플랑크톤을 흡입하던 고래의 빨판까지 흘러나온다. 갖은 물빛까지 간단없이 새어나온다. 고등어와 바다는 원천적으로 성분이 같으므로, 고등어 한 마리에는 온 바다살이의 원소가 들어 있기에, 고등어를 먹으면 뱃속에서 바다가 출렁거리는 것이다. 바다가 수많은 멸치와 조가비와 문어와 심해 상어와 고래들을 기르고 물빛을 반영하는 이치와 같다. 전부는 부분을 포함하고 부분은 전부를 포함한다. 사람살이의 기억이 그러하다. 실마리 하나를 붙잡으면 그 사람의 생애가 딸려 나온다.

기억은 경험이라는 조각들의 짜맞춤이다. 아귀가 맞은 것은 그 사람의 언어로 나타난다. 지나온 시간이 모두 언어에 담겨있다고 믿으며 나는 묵은 기억들을 어루만진다.

내가 처음 만난 삼국유사는 어린 시절에 접한 고전 읽기라는 경험의 한 조각이다. 어제가 있어서 오늘이 존재하듯 신화와 민담과 역사는 현대인의 오늘을 등 떠밀어준다. 삼국유사는 굶주림에 혼절을 거듭하던 한민족이 정성껏 지은 찰밥이다. 고조선에서 고려 건국까지 임금과 신하와 백성의 숨결로 뜸 지은 고봉밥을 우리는 먹는다.

우리는 어디에서 왔는가. 어떤 기억을 나누면서 우리가 사는가. 우리가, 이 우리가 궁금할 때 나는 버릇처럼 그분을 찾는다. 헤르만 헤세의 소설에서 주인공 싱클레어 앞에 나타나는 데미안처럼 그분은, 내가 큰 그림을 못 그릴 때면 손수 삼은 짚신을 신고 달려오신다. 그러고는 지팡이 끄트머리로 『삼국유사』의 찰진 갈피를 가만가만 넘겨주신다.

2. 늦은 인사

십수 년 전 『장창호 삼국유사』를 쓰는 동안 그분의 법문을 들으며 무언의 회초리로 종아리를 맞았다. 덕분에 한 권의 책을 달리 내놓는다. 눈 밝은 당신께서 그분의 책을 노둔하게 재단한 제 마음을 헤적이신다면 어떤 의미로든 우리는 연결되리라고 믿는다.

인사가 늦어도 한참 늦다. 고마운 얼굴들이 둥두렷이 떠오른다.

〈장창호의 이야기 삼국유사〉를 3년간 실어주신 경상일보 정명숙 논설실장님께 감사하다. 책이 나오게끔 후원해주신 울산문화재단 관계자께 감사하다. 현장 사진으로 생동감을 살려주신 울산신문 김동균 기자님께 감사하다. 사진 미학을 함께 구현해주신 경주의 김대웅님께 감사하다. 선뜻 출간을 결정해주신 도서출판 월인 박성복 사장님과 편집과 교정교열, 디자인을 맡아주신 편집부에 감사하다.

그리고 틈틈이 읽어주실 독자 한 분 한 분께 각별히 감사하다.

2022년 12월, 장창호 절

1부

하늘의 뜻이 땅에서 이루어지이다

3부

믿음, 그 염원의 힘

4부

천 개의 눈과 천 개의 손

5부 문 열어라 꽃아 문 열어라 꽃아

1부

하늘의 뜻이 땅에서 이루어지이다

1부

하늘의 뜻이 땅에서 이루어지이다

고조선의 건국

아득한 옛날이다. 하늘나라에 환인(桓因) 임금이 살고 있었다. 임금의 차자인 환웅(桓雄)은 하늘의 뜻을 인간 세상에 펼쳐 보고 싶었다. 날마다 해가 뜨는 동쪽을 바라보며 새로운 세상을 꿈꾸었다. 환인은 아들이 궁금해하는 세상에 대해서 잘 알고 있었다. 비와 바람과 구름이 제멋대로 노니는 그곳을 굽어보았다. 그리고 멀리 동쪽에 있는 삼위태백을 보며 고개를 끄덕였다.

환인은 환웅에게 천부인(天符印)[1] 세 개를 준다. 풍백(風伯)

---

1 환인이 환웅에게 준 세 개의 귀한 도장으로 제왕의 지위를 나타내는 표지이다.

단군 영정
(충남 부여군 장정마을 천진전)

과 운사(雲師), 우사(雨師)더러 보좌하게 하고 삼천 무리를 달려 보낸다.

환웅은 널리 인간을 이롭게 한다는 홍익인간(弘益人間) 이념으로 새 세상을 다스리고자 했다. 우리 민족 최초의 대이동이 시작되었다. 환웅은 우렛소리가 나는 꽹과리를 들고 앞장섰다. 풍백이 징을 울려 바람을 일으키고, 운사가 북을 두들기니 구름이 흔들리고, 우사가 장구를 치니 소나기가 쏟아졌다. 환웅이 이끄는 삼천 무리는 사물 장단에 발맞춰 동으로, 동으로 나아갔다.

생사를 오가는 행군 끝에 태백산에 도착했다. 신단수(神壇樹)를 근거지로 삼고 이 터를 신시(神市)라 했다. 이곳은 곰을 토템으로 하는 부족(곰족)과 호랑이를 토템으로 하는 부족(범족)이 사는 땅이었다. 환웅은 두 무리를 아울렀다. 부족의 우두머리를 붙잡아 쑥과 마늘을 주며 삼칠일[2]을 살게 했다. 수렵을

2 21일간을 뜻한다. 예부터 아이를 낳은 지 스무하루째 되는 날로 산모의 조리 기간에 속한다. 공동체 구성원들이 행동을 조심해야 하는 기간이다. 금

주로 하던 범족은 새로운 삶의 방식에 동화되지 못했다. 곰족은 요구조건을 견뎌내어 그 우두머리가 웅녀(熊女)가 되었다. 환웅의 세계를 수용하고 새로운 인간으로 다시 태어난 것이다.

웅녀는 인간적인 욕망을 느꼈다. 신단수 아래에서 아기를 잉태하게 해달라고 빌었다. 환웅이 나타나서 웅녀를 맞이하니 둘은 어울리는 한 쌍이었다. 환웅은 풍백, 운사, 우사와 함께 새 세상을 다스렸다. 농사를 지어 생명을 돌보고, 질병을 막고 치료하는 일과, 선악을 분별해 상벌을 내리는 일정한 법도로 나라를 이끌었다.

웅녀의 몸에서 단군왕검(檀君王儉)이 태어난다. 푸르른 하늘 아래 드맑은 숨을 쉬며 무럭무럭 자란다. 단군왕검은 아사달(阿斯達)에서 하늘의 뜻을 받드는 나라 조선(古朝鮮)을 연다. 이때가 서기전 2333년. 단군왕검은 더 큰 뜻을 펼치고자 평양으로 도읍을 옮긴다. 이후 대를 이어 1500년간 나라를 다스렸다고 한다.

줄을 쳐서 가족이나 이웃, 특히 부정한 사람들의 출입을 금하며 '세이레'라고도 한다.

고조선 위만 왕조

위만(衛滿)은 연나라 사람으로, 전쟁을 피해 천여 명의 피난민을 이끌고 고조선에 들어왔다. 준왕(서기전 3세기 초~서기전 194년 재위)은 요하를 건너 충성하러 왔다는 위만의 말을 믿고 그를 국경수비대장에 임명했다. 어느 날, 그가 왕검성으로 쳐들어왔다. 준왕은 어의를 벗긴 채 쫓겨나고 위만이 왕이 되었다. 고조선에 위만 왕조가 들어선 것이다.

대를 이어 위만의 손자가 3대 우거왕(?~서기전 108년)이 되었다. 한나라가 고조선을 무시하고 진국과 교역하자 왕이 그 길을 막았다. 한무제(서기전 156~서기전 87년)가 달래고 겁박했지만, 왕은 고조선을 다녀가던 한나라의 사신 섭하를 강물에다 던졌다. 섭하의 죽음을 안 한나라가 고조선을 쳐들어왔다. 왕검성은 난공불락의 요새였다. 한나라의 장수들이 차례로 패퇴하자 한무제가 치명적인 수를 쓴다.

'조선 사람으로 조선을 치자.'

고조선의 지방상 삼이 마차에 식량을 싣고 왕검성으로 들어갔다. 식량을 부리고는 마부를 하룻밤 묵게 했다. 그날 밤, 우거왕은 조선 마부의 칼에 죽는다. 왕을 보좌하던 성기 장군만이 살아남았다. 장군은 끝까지 버텼으나 배신한 왕자와 최(국상의 아들)의 칼에 최후를 맞이한다. 그 뒤로 고조선에 한사군[3]이 들어선다.

마한(馬韓)이냐 마한(馬汗)이냐

마한에 관한 기록은 역사서마다 다르게 나온다. 삼국지 위지 동이전에는 이렇게 적혀 있다. "위만이 조선을 쳤을 때 준왕이 궁인과 좌우를 이끌고 바다 건너 남쪽으로 삼한에 이르렀다. 이곳에 나라를 열고 마한이라고 불렀다." 후백제의 시조인 견훤은 고려 태조에게 올린 글에 적었다. "옛날 마한이 먼저 일어나고, 혁거세가 나라를 세워 번창하고, 이에 백제가 금마산에서 나라를 세웠다." 해동공자 최치원은 한 문장을 남겼다. "마한은 고구려요 진한은 신라다." 고조선을 고구려로 잘못 적은 듯하다.

내용을 간추려 본다. '먼저 신라가 들어서고 뒤이어 고구려가 나라를 세웠다. 고구려의 동명왕이 마한을 정복했다. 고구

3 서기전 108년 경 고조선의 옛 땅에 낙랑, 진번, 임둔, 현도의 4군이 설치되었다. 313년 고구려에 낙랑군이 멸망할 때까지 한나라의 관리가 파견되어 400년 넘게 다스렸다.

려가 정복한 그 땅을 마한이라고 불렀다.'

우리가 배운 '마한(馬韓)'은 한강 이남으로 땅이 한정된 나라다. '말추장'이라는 이름으로 불린 '마한(馬汗)'이었다는 설도 있다. 이 마한은 땅이 드넓은 고조선의 제후국이었다고 한다. 두 마한은 서로 어떤 관계일까? '말추장 마한이 고구려가 되었다면 그 땅이 엄청났을 텐데' 하는 생각에 잠겨 강가를 걸을 때였다.

난데없는 발굽 소리가 들리더니 등 뒤에서 말이 달려왔다. 검고 긴 속눈썹 아래에 있는 굵다란 눈망울을 보니 온몸이 빨려들 것만 같았다. 연극 「에쿠우스」[4]에서 주인공 앨런이 어루만지던 말이 떠올랐다. 천리마를 만들기 위해 말의 혀를 찌르고는 날마다 쓰다듬어주었다는 고주몽의 모습도 어렸다. 히힝, 지나가던 말이 소리 높여 울었다. 말을 탄 기수는 마한의 추장 같았다. 너풀대는 갈기, 늘씬한 다리와 빛나는 발굽, 근육이 씰룩대는 엉덩이……. 말과 한몸이 되어 뜨거운 햇볕 속을 내달리고 싶었다. 따가닥따가닥, 이곳 태화강 십리대숲에서 '마한(馬汗)'까지 시간을 거슬러가려면 상상력이라는 말을 타야 할 것 같다.

---

4 영국의 극작가 피터 셰퍼의 작품으로 서울, 부산 등 각지에서 절찬리에 공연되었다. 필자는 1984년 울산 예식장 무대에서 이 작품을 연출했다.

호동과 낙랑공주의 사랑

'진정한 사랑은 죽음마저 초월한다.' 문학에서는 곧잘 이런 주제를 다룬다. 여기 불후의 사랑가를 부른 두 주인공이 있다. 사랑을 위해 죽어간 낙랑 공주와 호동 왕자의 일화이다. 사랑하는 이의 부탁을 나라의 앞날과 바꾼 낙랑공주. 죽을 줄 알면서도 자명고를 찢은, 너무나 순수해서 차마 모질게 느껴진다. 죽어서야 사랑을 이룬 호동을 향한 그녀의 사랑은 그칠 것이 없었다.

고조선에 들어섰던 한사군이 고구려 땅이 된 지 백년이 넘었을 때다. 엄연히 낙랑군이 있었으니 그때까지 한나라의 지배를 받았다는 말이다. 낙랑군의 공주는 고구려의 왕자와 위험천만한 사랑을 한다. 로미오와 줄리엣의 두 주인공도 원수 집안 사이에서 외줄을 타는 사랑 때문에 비극으로 끝난다. 이루어질 수 없는 사랑의 배경으론 원수지간이 안성맞춤이니까. 죽음의 두려움도 사랑의 맹세보다는 약한 걸까? 낙랑 공주가 적국의 침략을 알리는 자명고를 찢었기에 고구려가 전쟁에서 이길 수 있었다. 사랑하는 사람을 잃은 호동 왕자는 스스로 절명하고…….

'국경을 넘어선 사랑'을 들여다보면 대개 정치적인 배경이 깔려있다. 둘째 왕비의 아들인 호동은 대무신왕(제3대 임금, 18~44년 재위)의 사랑을 독차지했다. 왕비는 아들이 왕이 되지 못할 것을 두려워했다. 왕비가 대무신왕을 꾀어 낙랑 공주가 북을 찢도록 호동에게 명했을 법하다. 찢어진 자명고는 사랑의 비극적인 결말을 보여준다. 왕자와 공주는 기득권과 신흥 세력 간의 싸움에 희생양이 된 것이 아닐까?

발해와 말갈

대조영과 걸사비우는 발해를 세운 두 주인공이다. 고구려가 망하자 당나라로 끌려간 고구려인이 많았다. 그 유민의 한 사람이 대조영이다. 그가 말갈의 우두머리인 걸사비우를 만난 건 하늘이 맺어준 인연이었다. 그는 유민을 모아 군대를 조직하고, 걸사비우와 힘을 합쳐 측천무후와 맞섰다. 측천무후는 무주혁명으로 당나라를 무너뜨리고 주나라를 세운 악명 높은 여제다. 여제는 장수 이해고를 시켜 대조영을 추격했다. 대조영은 결사적으로 이해고를 따돌리고 발해의 전신, 진국(振國)을 세웠다. 전장에서 걸사비우를 잃고도 대조영은 발해의 왕이 된 것이다.

두우의 『통전』에 나온다. "발해는 본래 속말말갈(粟末靺鞨)[5] 이다. 그 추장 대조영이 나라를 세워 그 이름을 진국이라 했다." 당나라의 가탐이 쓴 『군국지』에는 이렇게 나온다. "발해의 압록, 말해, 부여, 추성 등 4부는 고구려의 옛 땅이다." 김부식은 이렇게 적었다. "백제 말년에 발해, 말갈, 신라가 백제 땅을 나눠 가졌다." 북송의 소동파는 이렇게 썼다. "읍루(挹婁)[6]와 물길(勿吉)[7]은 숙신(肅愼)[8]이며 진한 북쪽에 남북의 흑수가 있다." 그는 「지장도」에서 밝혔다. "흑수는 만리장성 북쪽이고, 옥저는 그 남쪽에 있다."

서기전 28년 동명왕 때에 북옥저를 아우르고, 서기 23년 온조왕 때는 남옥저의 20여 호가 신라에 투항했다. 서기전 6년 박혁거세 때에 동옥저가 신라에 준마를 바쳤다. 발해를 우리 역사로 본 건 고려 때 이승휴가 처음이다. 그 뒤로 조선 정조 때 유득공이 『발해고』를 쓰고, 거기에 빠진 내용을 정약용이 『아방강역고』에 보태어 썼다. 한치윤이 『해동역사』에 신라와 고려 사이에 발해를 위치시킨 이후로 우리 역사에 정식으로 편입되었다.

---

5 고대 중국의 만주지역에 거주하던 말갈의 한 부족

6 숙신의 후예이자 말갈의 전신

7 고대 중국의 만주 쑹화강 유역에 거주했던 부족

8 고대 중국의 산둥반도와 만주 동북방 지역에 살던 민족

러시아 우수리스크의 발해성터와 수이푼강

이서국을 아시나요

신라의 서쪽에 이서국(伊西國)이 있었다. 반시와 미나리의 고장이라 불리는, 복숭아가 맛있고 소싸움으로 이름난, 경북 청도에 있었던 고대국가이다. 신라에 나라를 앗긴 이서국 사람들은 말싸움 구경을 즐겼다. 이서 말과 신라 말이 싸우면 구경꾼도 패가 갈려 응원했다. 철기문화를 일찍 꽃피운 덕에 쇳물이 끓던 대장간이 많았다. 당연히 갑옷과 투구에다 무기 생산이 남달랐다. 땅은 좁아도 기상이 드높은 나라였다.

2002년 어느 날, 이 청도에 불개들이 나타났다. 이서국의 수호신으로 상징되는 불개 36마리가 이천년의 시간을 거슬러 봄날을 흔들었다. 설치미술가 조덕현이 현대미술 프로젝트 '이서국으로 들어가다'라는 가상 유물 발굴 이벤트를 벌인 것이다. 그는 고대 이서국의 상징으로 백곡마을 김일손의 일취정 앞마당으로 정하고 그곳을 파 내려갔다. 미리 쇠로 조각한 개떼를 파묻고는 유물을 발굴하는 절차에 따라 그걸 파내는 형식으로 진행한 것이다. 영남대 박물관 조사팀이 그 일을 맡아서 했다.

신라에 복속된 지 이백 년이 지난 서기 297년, 이서 사람들은 독립전쟁을 벌였다. 이서 군사가 마차를 몰고 금성(경주)로 진격했다. 군사가 불개 떼를 싣고 성안까지 쳐들어갔다. 이서 군사의 승리가 눈앞에 보이는 듯했다. 이때 죽엽군(竹葉軍)[9]이 나타났다. 이서 군사가 내몰리기 시작했다. 진격한 길을 되짚어서 이서국까지 쫓겨왔다. 이서국은 신라군에 의해 토벌되었다. 끝까지 항전했으나 신라에 합병되고 말았다. 이후로 이서국의 자취는 삼국유사에 네 문장으로 남았다.

봄이 오면 비슬산에는 이서 사람들의 피맺힌 울음 같은 참꽃이 흐드러지게 피어난다. 그 산자락 어디선가 불개 떼와 이서 말들의 울음소리가 들리는 듯하다. 성곡저수지를 만들 때 나온 당시의 유물이 아니더라도 "청도" 하고 불러보면 불기운 어린 이서 사람들의 낯빛이 어른거린다. 몇 해 전까지만 해도 개그맨 전유성이 만든 '철가방극장'이 청도를 찾는 관광객에게 웃음을 배달했다. 청도의 철가방극장에서 이서국의 독립전쟁을 다룬 불길 같은 뮤지컬을 볼 날을 기대했건만…….

고조선에서 북부여로

서기전 58년에 천제(天帝)가 오룡거를 타고 흘승골성으로

---

9 투구에 댓잎을 꽂은 병사들로, 가야의 신라 지원군으로 추정한다.

온다. 흘승골성(紇升骨城), 됫박 모양의 뼈같이 생긴 성이라는 뜻이다. 지금의 중국 요령성 환인현에 있는 오녀산성으로 추정한다. 유네스코의 세계문화유산으로 지정된 이 산성은 고구려 유적지로 알려져 있다. 숲길로 난 돌계단을 땀 흘리며 올라가면 위풍당당한 꼭대기에 닿는다. 거기엔 백두산 천지와 이름이 같은 하늘 연못이 있다. 북부여의 첫 도읍지다. 천제는 북부여를 세우고 스스로 '해모수(解慕漱, 해의 모습)'라 칭한다. 얼마 후 왕비가 알을 낳는다. 알에서 아기가 나오자 그 이름을 해부루(解夫婁)라 짓는다. 아버지 해모수와 아들 해부루. 이 '해(解)' 씨가 고구려에서는 '고(高)' 씨(고주몽이 시조)로 이어진다.

북부여에 이르면 우리 역사는 고조선 때보다 실체가 또렷해진다. 적에게 쉽사리 점령당하지 않을 우뚝 솟은 절벽 위에 도읍한 해모수. 성안에 우물이 있고, 밭이 있고, 땔감도 구할 수 있었다. 사방이 천 걸음씩이니 3만여 명이 서너 달은 살 수 있는 난공불락의 요새다.

해모수는 천하의 바람둥이다. 해가 뜨면 성안에서 나랏일을 보고 밤이면 오룡거 – 다섯 마리 용이 이끄는 모양의 마차 – 를 타고 마을로 내려가 주색잡기를 즐겼다. 한날은 신하들과 함께 하백(河伯)이 다스리는 서하(西河)로 원정을 한다. 예쁘기

북부여의 흘승골성(중국의 오녀산성) *한국민족문화대백과사전

로 소문난 하백의 세 딸과 며칠 밤낮을 놀았다. 노래하고 춤추며 시시덕거리다가 맏딸 유화를 점찍는다. 밤이 되자 하늘에는 달이 있고 품에는 유화가 있는데, 이 바람둥이가 가만있을 리가 없었다. 끝내 일을 저지르곤 유화와 혼인하겠다고 나선 것이다. 하백은 해모수가 잘생긴 건달은 아닌지 알아보려고 그의 술법을 시험한다. 하지만 유화는 이미 해모수의 편이었다. 위기 때마다 아버지의 술법에 대항하는 귀띔을 해주니 승부는 해보나마나였다.

날이 밝자, 해모수는 유화를 남겨두고 흘승골성으로 사라진다. 분통이 터진 하백은 유화의 입을 찢고는 우발수(優渤水)[10]

10 고구려 「동명왕신화」에 나오는 연못 이름.

로 내쫓았다. 유화는 강가의 버드나무 아래에서 해모수가 돌아오기를 기다려야 했다.

일장춘몽 동부여

해부루가 해모수에 이어 북부여의 임금 자리에 올랐다. 어느 날, 신하 아란불의 꿈속에서 선왕(해모수)이 나타나서 일렀다. "앞으로 내 자손이 이곳에다 나라를 세울 거니 너흰 가섭원으로 옮겨 가거라." 아란불은 꿈 이야기를 해부루에게 전했다. 다른 인물이 이곳에서 나라를 세운다니 해부루는 두려웠다. 할 수 없이 흘승골성을 떠나 동쪽으로 도읍지를 옮긴다. 이것이 동부여의 시작이다.

해부루는 늙도록 왕 자리를 물려줄 아들이 없었다. 그가 곤연 연못가로 나들이 갔을 때다. 말이 걸음을 멈추더니 길가의 큰 돌을 보고 울었다. 돌을 치우니 그 밑에서 아기가 나왔다. 생김새가 금빛이 나는 개구리와 비슷했다. 해부루는 하늘이 주신 선물로 생각하고 아기를 안고 대궐로 돌아왔다. 아기가 금개구리를 닮았기에 '금와(金蛙)'로 이름 짓고 태자로 삼았다. 해부루가 죽고, 금와가 동부여의 왕이 되었다.

선왕의 계시를 전해 듣고 나라를 옮겨야 했던 해부루의 심정이 어땠을까? 선왕의 자손이 나라를 세운다는 꿈은 어떻게 받아들여야 하나? 어쩌면 주몽이 세운 고구려를 해모수의 적통으로 삼으려고 훗날 지어낸 이야기일 법하다. 길가의 돌에서 금와를 얻었다는 건 왕이 여염의 여인에게서 아길 낳았다는 뜻일 테고. 곤연의 부잣집은 동부여의 토착 세력을 빗댄 것이니, 금와가 다음 왕이 된 것은 외부 세력이 토착민을 왕으로 내세웠다는 이야기이다. 그 다음엔 뒤편에서 보이지 않는 힘을 행사하고. 남의 나라에서 왕이 되려면 고단수 전략이 필요한 법이다. 신라의 석탈해와 김알지가 그랬듯이.

금와왕은 태자 대소에게 왕 자리를 물려주었다. 그러나 고구려 제3대 대무신왕(18~44년 재위)한테 죽임을 당하고 나라가 병합된다. 도읍까지 옮겨 동부여를 세웠으나 3대를 가지 못한 일장춘몽으로 끝이 났다.

고구려의 건국

햇살 좋은 봄날에 금와왕이 우발수로 나들이한다. 강가 버드나무 아래서 한 여인이 울고 있었다. 신하를 시켜 알아보니 여인은 저를 유화라고 했다. 금와왕이 울고 있는 까닭을 물었다. 유화는 하백에게 쫓겨난 사연을 이야기했다. 입술이 찢긴 모습을 가엾게 여긴 금와왕은 유화를 데리고 궁궐로 돌아온다. 그리고 유화를 별실에 머무르게 한다.

얼마 후, 유화는 창으로 스며든 햇볕[11]을 쬐고 잉태한다. 유화가 몸을 푸니 사람이 아닌 알이 나왔다. 금와왕은 부정한 알을 내다 버리라고 명했다. 신하들이 알을 길가에다 버렸더니 새와 짐승들이 알을 품어주는 것이었다. 이번에는 알을 깨뜨리게 했으나 끄떡도 하지 않았다. 할 수 없이 유화에게 알을 돌려주니 알에서 주몽이 태어난다.

금와왕에겐 왕자들이 있고, 주몽은 태자가 될 수 없는 서자의 처지. 왕이 되려면 천손(天孫)이라는 징표가 필요했다.

유화가 평소 주몽에게 귀띔을 해왔을 터다, 주몽이 해모수의 아들임을. 주몽은 말을 손질하며 때를 기다린다. 자신의 말에게는 먹이를 조절해 오랫동안 달릴 수 있는 준마로 만든다. 왕자들의 말에겐 많이 먹여 살을 찌운다, 오래 달리지 못하도록. 왕자들의 괴롭힘을 꿋꿋이 견디던 어느 날이었다. 왕자들이 주몽을 해치려 하자 주몽이 탈출을 도모한다. 자신을 따르는 신하

11 해모수의 강림을 상징한다.

들과 말을 몰고 동부여를 빠져나왔다. 동부여 군사들이 따라왔다. 막다른 강가에 내몰렸을 때 주몽이 채찍으로 강언덕을 치며 기원한다. "하늘이시여 도와주소서! 강신이시여, 도와주소서!" 그러자 신이한 일이 벌어진다. 물고기와 자라들이 물위로 올라와 다리를 놓은 것이다. 주몽 일행은 무사히 강을 건너 새로운 땅에 도착한다. 천왕랑 해모수와 강의 신 하백이 화답한 덕분이었다.

주몽은 비류수 근처에다 고구려를 세운다. 그리고 자신의 성을 고 씨로 삼는다. 한 나라의 시조가 되려면 새로운 성씨가 필

고구려의 강서대묘 벽화, 현무 모사도 *국립중앙박물관

요한 법. '해' 씨와 뜻이 같은 '고' 씨로 정한 것이다. 하늘 임금인 천왕랑의 자손임을 자처한 고주몽이 고구려의 첫 왕이 된다. 그가 바로 동아시아의 찬란한 태양 '동명왕(東明王)'이다.

변한과 백제의 건국

신라의 시조 박혁거세 왕(서기전 57~서기 4년) 때다. 변한 사람이 항복을 해와 나라를 바쳤다. 나라를 그저 내놓을 리는 없으니 신라가 변한을 아울렀다고 본다. 그래도 뭔가 이상하다. 변한이 백제가 되었다면, 신라 땅에 백제를 세웠다는 이야기니까.

백제가 잘나갈 때는 가구 수가 15만 호가 넘었다고 한다. 당시에 한 가구에 열 사람이 살았다고 치면 150만이 넘는 인구다. 백제가 망할 때 76만 호였다니 인구는 갈수록 늘어난 걸로 보인다. 기아와 전염병, 전쟁으로 한시적으로 들쭉날쭉했겠지만.

당시에는 나라의 경계가 분명하지 않았을 수도 있다. 변한 사람이 혁거세에게 항복했더라도 그 뒤로 변한의 한 우두머리가 옛땅을 되찾았거나, 혁거세가 변한을 차지한 뒤에 온조가 그 자리에 백제를 세웠을 가능성도 있고, 낙랑의 후손들이 변한의 남쪽에 살았다는 이야기도 전해진다. 『후한서』에 나온다. "변한은 남쪽에, 마한은 서쪽에, 진한은 동쪽에 있었다."

백제의 금동대향로 *국립부여박물관

온조는 서기전 18년에 백제를 건국한다. 혁거세보다 50년, 동명왕보다는 20년 뒤에 나라를 세웠다. 변한의 후손들이 낙랑에 살았다는 것과, 변한의 도읍이 낙랑의 북쪽에 있었다는 말은 한사군의 그 낙랑군이 아닐 것이다. 낙랑이라는 이름을 지

관북리 유적과 부소산성 *부여군

닌 통일신라일 가능성이 있다. 경순왕의 비가 낙랑공주임을 떠올리면 그걸 유추할 수 있다. 평양 동북쪽에 있는 구룡산(九龍山, 대성산)을 변나산(卞那山)이라 불렀기에 고구려를 변한이라고 잘못 아는 이들도 있다. 백제에 변산(卞山)이 있었기에 변한이라고 불렀다는 게 맞는다. 지당하신 해동공자 최치원 선생의 말씀이니까.

진한과 금입택

『후한서』에 나온다. "진한의 어르신이 일렀다. 진(秦)나라에서 망명한 사람들이 들어오니 마한이 동쪽 땅을 떼어줬다. 그 무리가 진나라 말을 썼기에, 나라 이름을 진한(秦韓)이라 했다. 진한에는 12개의 작은 나라들이 있었다. 각 나라는 1만 호가량 되었다." 최치원은 이렇게 말했다. "진한은 원래 연나라 사람이 피난을 와 있던 곳이다. 연나라의 강 이름을 따서 그들이 사는 마을을 사돌, 점돌이라 불렀다."

이 진한 땅에 신라가 들어선다. 한창 잘나갈 때 경주에는 17만 8936호가 있었다. 그중 귀족들이 철마다 노닐던 으리으리한 저택, 금입택(金入宅)이 있었다.

금입택으로는 김유신의 조상이 살던 재매정택이 유명하다. 처마가 무거워 밧줄로 지탱한 북유택, 반향사 남쪽에 있는 밧줄 집 남유택, 일가친척이 다 모인 대택, 반향사 북쪽의 손님들이 들끓는 빈지택, 금모래가 반작이는 장사택, 앵두나무가 탐스러운 상앵택, 아래쪽 앵두나무 집 하앵택, 연못에 집이 비치는 수망택, 샘물이 나는 천택, 돌창 남쪽의 버드나무 집 양상택, 법류사 남쪽 한산 갈림길에 있는 각간 허루의 한기택, 법류사 남쪽의 굴이 있는 비혈택, 분황사 윗동네의 너와집인 판적택,

개천 북쪽의 별교택, 마을의 맨 남쪽 집 아남택, 양관사 남쪽의 김양종택, 굽이도는 강가의 곡수택, 버드나무 휘늘어진 유야택, 절 아래의 사하택, 사량에 있는 사량택, 공동우물 위의 정상택, 마을 남쪽의 이남택, 노래와 춤이 흥건한 사내곡택, 큰 연못이 있는 지택, 절 위의 사상택, 청룡사 동쪽에 연못이 있는 임상택, 누각 위의 누상택, 마을 윗집 이상택, 물길의 남쪽 집인 명남택, 우물 아랫집 정하택이 사철 놀이택이다.

사치와 노름에 빠진 귀족들이 보기 싫어 최치원이 세속을 등지고 가야산으로 들어갔다는 설이 있다. 이웃과 나누면서 살았던 경주 최부잣집도 신라 때로 치면 금입택일 터다. '노블리스

재매정(경주시 교동)

오블리제'를 실천한 점이 다르지만. 요즘도 숲에 둘러싸인 저택들이 군데군데 보인다. 가정부나 정원사로 가지 않는 한 구경조차 하기 어려운 집들이.

신라를 세운 박혁거세

진한의 여섯 촌장이 군왕을 찾아 북천에 모인다. 높은 언덕에 올라가 남쪽을 바라봤다. 양산촌 기슭의 나정(蘿井)[12]에서 번개가 치고 이상한 기운이 드리우는 거였다. 촌장들이 그곳으로 달려가니 흰 말이 엎드려 절을 하고 있었다. 그 자리에는 자줏빛 알이 하나 있었다. 말은 촌장들을 보자 길게 울고는 하늘로 올라갔다. 여섯 촌장이 극진하게 모시자 알에서 사내아이가 나왔다. 아이를 동천 샘물에 목욕시키니 몸이 반작거렸다. 새와 짐승들이 어울려 춤을 추었다. 하늘과 땅이 흔들리고, 해와 달은 진종일 드맑고 푸르렀다. 여섯 촌장이 그를 받들어 거서간[13]으로 받들었다.

12 신라의 시조 박혁거세가 나온 알이 그 곁에 있었다는 우물.
13 진한의 말로 귀한 인물 혹은 왕의 칭호.

알영정과 알영비각(경주시 탑동)

사람들은 혁거세의 배필을 찾아다녔다. 사량리에 갔을 때였다. 알영 우물가에 계룡(鷄龍)이 나타나 왼쪽 겨드랑이로 딸아이를 낳았다. 그 용모가 아름답기 그지없었으나 입술이 닭의 부리와 같았다. 북천에서 멱을 감기자 부리가 떨어졌다. 아이의 이름을 알영(閼英)이라 하고 혁거세의 비로 모셨다. 궁궐은 남산의 서쪽 기슭에다 소박하게 세웠다. 그리고 혁거세(서기전 57~서기 4년 재위)를 신라의 첫 임금으로 모셨다. 태어난 알이 박처럼 생겼다고 성을 박 씨로 삼고.

혁거세는 61년간 나라를 다스리다가 하늘로 간다. 칠일 뒤에 그 주검이 땅으로 떨어진다. 그날 알영 비가 하늘로 갔다. 촌장

창림사지(경주시 탑동). 신라 건국 당시의 궁궐 터로 비정(比定)하는 곳이 삼층석탑 인근이다.

들은 두 시신을 함께 묻으려고 했지만 커다란 뱀이 나타나 방해를 했다. 할 수 없이 시신을 다섯 조각으로 나누어 다섯 능에다 묻었더니 다시 뱀이 나왔다. 그곳을 사릉(蛇陵)으로 불렀다. 경주 오릉(五陵)이다.

오릉(경주시 탑동)

나무의 그늘, 남해왕

신라 제2대 남해왕(南解, 4~24년)은 차차웅(次次雄)이다. 이는 어른을 높여 부르는 호칭이다. 신라의 왕 중에는 남해왕만을 이렇게 불렀다. 어떤 사람은 차차웅을 귀인에게 붙이는 칭호라 하며 또는 자충(慈充)[14]이라고도 한다. 그의 아버지는 혁거세 거서간이요, 어머니는 알영부인이며, 왕비는 운제부인이다. 차차웅은 귀인에게 붙이는 칭호다. 무당을 높여 부르는 말이기도 하다.

옛사람들은 귀신을 섬기며 제사하는 존재를 두려워하여 모셨다. 김대문은 이 존장을 자충이라 부른다고 했다. 어떤 사람은 왕을 마립간(麻立干)이라고도 했고, 이때 마립이란 서열을 뜻하는 말이다. 서열은 지위로 정하기에 임금이 맨 윗자리가 되고 신하는 그 아래에 자리했다. 신라의 왕으로서 거서간과 차차웅이라 불린 이가 각 한 사람, 이사금이 열여섯이며 마립간으로 불린 이는 넷이다.

석탈해가 가야 정복에 실패한 뒤 신라로 와서 한 세력을 이룬 시기도 남해왕 때다. 왕의 딸과 혼인하고 대보에 임명되어

14 처음에는 무격(巫覡)을 가리키는 말이었으나 점차 지위가 높은 존장(尊長)이라는 뜻으로 쓰였다.

중한 국사를 맡았다. 낙랑군이 쳐들어왔을 때 그가 나가 싸웠다. 왕은 주문을 외며 승전을 기원할 뿐이었다. 남해왕 말년에는 메뚜기 떼가 덮쳐 들판의 곡식이 모두 털린다. 농사를 망치면 하늘의 벌로 생각하던 때라 왕이 자리에서 버틸 수 없었다. 남해왕은 태자에게 자리를 물려주고 하늘로 갔다.

실권을 대보에게 넘겨주고, 나라의 길흉화복과 백성의 안녕만을 점친 남해왕. 선왕 혁거세가 촌장들의 권력 다툼으로 힘들었던 때를 떠올리며 왕은 스스로 권한을 내려놓았다. 한편에서 묵묵히 그늘이 되어주는 왕이 신하들은 좀 좋았을까. 왕이 죽자 그 시호를 남해('나무'에서 빌어온 말)로 하고 '삼황(三皇)[15]의 아우'라는 별칭까지 얹어주었다.

이가 많아서 임금이 된 유리왕

태자와 사위가 왕의 병상을 지킨다. 남해왕은 걱정이 많았다. 태자에게 왕위를 넘겨주려니 사위 석탈해의 야욕이 두려웠고, 사위에게 물려주려니 그 자리가 아까웠을 터다. 남해왕이

15 중국 고대 신화에 나오는 세 임금. 이덕일에 의하면 동방 배달국의 태호 복희씨, 여와씨, 염제 신농씨를 가리킨다고 한다.

태자에게 넌지시 물었다. "나이가 많은 사람이 왕이 되면 어떻겠느냐?"

태자에겐 청천벽력 같은 소리였다. 왕 자리를 양보한다는 건 말도 안 되는 일. 석탈해가 태자의 마음을 읽고 말했다. "덕망 있는 사람은 이가 많다고 들었습니다. '잇금'을 재서 정하면 어떻겠습니까?"

떡을 한입 가득 물어 잇금을 찍었다. 태자의 이가 몇 개 많았다. 탈해는 이가 적었다. 아랫송곳니가 길게 자라는 남방 출신이라서 어릴 때 미리 뽑았다. 그리고 가야의 수로왕에게 진 뼈아픈 기억을 떠올렸을 것이다. 왕 자리를 내준다고 덥석 맡아서는 안 되는 거였다. 자신을 따르는 백성들이 늘고, 외지에서 들어온 이가 왕이 되어도 좋다고 인정할 때까지 기다려야 했다. 이미 대보가 되어 실권을 쥐었겠다, 이다음에 왕이 된다면 권력을 훨씬 오래 누리니까.

태자가 왕이 되니, 그가 신라 제3대 유리왕(24~57년)이다. 이의 개수를 헤아려서 왕을 정했다고 칭호가 '이사금'(잇금의 향찰 표기)이다. 왕은 여섯 촌락을 6부로 고쳐 부르고, 6부 촌장들에게 성씨를 내렸다. 여섯 촌장은 진한의 소국을 다스리던 우두머리로 하늘의 뜻을 받드는 사람들이었다. 박 씨, 이 씨, 최 씨, 정 씨, 손 씨, 설 씨가 이때 생겨났다. 6부의 귀족들은 이후로도 궁궐에 영향력을 끼친다. 고려와 조선을 거치는 동안에도 왕을 견제하는 중심 세력으로 자리 잡는다.

유리왕 때 도솔가(兜率歌)[16]가 나왔는데 차례와 사뇌가(詞腦歌)[17]의 격식이 있었다. 이 도솔가는 오늘날 전해지지 않는다. 훗날 월명사가 지은 향가인 「도솔가」는 남아 있다.

오늘 여기 산화가를 불러
뿌리는 꽃아, 너는
곧은 마음의 명을 받들어 심부름하기에
멀리 도솔천의 미륵을 맞이하라

「도솔가」는 꽃을 뿌리며 노래하는 산화가 형식의 향가다.

영변에 약산
진달래꽃
아름 따다 가실 길에 뿌리오리다(하략.)

---

16 유리왕이 지은 고대 가요로, 배경 설화와 제목만 전할 뿐 가사가 전해지지 않는다. 향가의 모태가 된 정형시 형식으로 추정한다.

17 신라 중기부터 고려 초기에 걸쳐 창작·유행한 시가(詩歌) 양식. 향찰로 기록되어 있다.

김소월의 시 「진달래꽃」과 「도솔가」는 산화공덕(散花功德)[18]의 이미지가 흡사하다.

42년에 유리왕은 이서국을 정복했다. 고구려가 신라를 쳐들어온 것도 유리왕 때의 일이다. 전쟁이 나면 국방을 책임지고 있던 탈해의 주가가 높아졌다. 약소국이던 신라의 힘이 조금씩 세어지기 시작한 것도 석탈해가 대보로 있던 유리왕 때부터다.

육부전(경주시 탑동)

18 부처에게 꽃을 뿌리며 공덕을 기림.

탈해왕의 지혜

지혜로운 이는 성급하게 나서지 않는다. 석탈해는 용성국(龍城國)[19]에서 온 사람이다. 가야로 쳐들어갔다가 수로왕에게 패했다. 용감하고 영특한 그는 뱃머리를 돌려 신라로 들어갔다. 물고기를 궁실에 진상하던 아진의선이 그의 배를 발견했다. 나무 궤짝 안에서 어린아이가 나왔다. 청년 탈해가 갑자기 아이로 변신하다니? 신화적인 해석이 필요한 대목이다.

'수로왕에게 패한 뒤 탈해는 자신의 무모함을 깨닫는다. 이제 잘난 체하거나 성급하게 거사를 치르지 않겠다고 다짐한다. 청년 탈해가 어린아이의 모습으로 발견된다. 사람들이 탈해의 태생이 신라임을 믿는다. 내친김에 신라의 관습을 익히고 나서 등장하겠다'는 뜻이 담겨 있다.

아진의선은 아이를 데려다가 토함산 돌집에서 길렀다. 삼칠일을 숨어 산 뒤에 – 단군신화에서 곰이 웅녀로 변신하는 기일과 같다 – 탈해는 산자락에 터 잡은 호공의 집으로 내려갔다. 미리 담 밑에다 숯과 숫돌을 묻어놓고 호공의 집에 들어갔다. 자신이 대장장이 가문의 후손이라고 우긴 끝에 관가의 중재로

---

19 왜국의 동북쪽 천리 되는 곳에 있다고 나오지만, 어디인지 특정하기는 어렵다.

그 집을 차지했다. 탈해의 지혜를 안 남해왕이 그를 사위로 맞이하고 대보(大輔)[20]에 임명했다. 남해왕이 왕위를 물려줄 의향을 타진하자 탈해는 태자에게 양보했다. 이후 국방까지 맡아 나라의 실권을 장악했다. 백성들이 그를 신임하기를 기다린 끝에 제4대 임금이 되었다. 탈해는 자신에게 억울하게 집을 빼앗긴 호공을 달래줄 때가 왔다. 호공을 대보에 임명하고 나랏일을 함께했다.

석탈해는 신체부터 남달랐다. 키가 9척(당시 1척은 20.2cm로 추정)이고 머리의 둘레만도 3척이 넘었다. 이는 서로 엉킨 듯 붙어 있는, 천하장사의 골격이다. 그가 죽자 점토에 뼛가루를 이긴 소상을 만들어 궁궐에다 모셨다. 나중에 동악(토함산)으로 다시 옮겨 장사지냈다, 자신의 출신지인 용성국이 보이도록. 이중 장례는 용성국에서 행해지던 습속이다.

남해왕 대부터 60여 년간 실권을 쥔 석탈해는 현실주의자다. '탈해(脫解)'는 그가 궤짝에서 나왔다는 뜻에서 지은 이름이다. 까치가 그의 등장을 알렸다고 까치 '작(鵲)'에서 새 '조(鳥)'를 떼어낸 '석(昔)'을 성으로 삼았다.

---

20 신라 초기의 최고 관직.

석탈해 왕릉(경주시 동천동)

김알지의 역성혁명

혁명은 혁명을 부른다. 석탈해는 신라의 왕족과 혼인한 뒤 역성혁명을 일으켰다. 석 씨 왕가를 뒤엎고 김 씨 왕가를 일으킨 알지와 그 후손은 역성혁명에 성공해서다. 신라는 크게 봐서 석 씨가 박 씨를, 김 씨는 석 씨를 쫓아낸 역성혁명으로 틀이 잡힌 나라다.

탈해왕 4년(60년) 음력 8월 4일이었다. 호공은 밤거리를 걷다가 계림에서 나오는 밝은 빛을 발견했다. 자줏빛 구름이 땅으로 뻗치기에 그곳으로 가니 금궤가 나뭇가지에 걸려 있었다.

궤짝에서 빛이 새어 나오고 나무 아래에선 닭이 울고 있었다. 호공은 이 상서로운 일을 왕에게 아뢰었다. 왕이 가서 궤짝을 열어보니 아이가 있었다. 왕이 아이를 안고 대궐로 돌아오는 동안 새와 짐승들이 뒤따랐다.

금궤에서 나온 이 아이는 외부에서 들어온 인물임을 알 수 있다. 마치 혁거세 때와 같았기에 그 아이의 이름을 '알지(閼智)'라고 지었다. 알지란 어린아이를 일컫는 옛말이다. 그가 금궤에서 나왔기에 성 씨는 김(金). 왕은 길일을 택해 그를 태자

계림의 야경(경주시 교동)

로 책봉했다. 하지만 알지는 탈해가 그랬듯, 파사왕(석 씨)에게 자리를 내주고 제 후손이 번창하기를 기다렸다.

알지는 세한을 낳고, 세한은 아도를 낳고, 아도는 수류를 낳고, 수류는 욱부를 낳고, 욱부는 구도를 낳고, 구도는 미추를 낳았다. 미추가 김씨 가문에서 처음으로 임금(제13대 미추왕)이 된다. 그러니 경주김씨는 알지에서 시작되었다. 알지의 후손은 200년을 넘게 기다려 신라의 중심인 김씨 왕족으로 대를 잇는다. 한 나라의 왕이 되려면 그만한 공을 들인 다음에야 하늘이 기회를 준다는 뜻일 터다.

연오랑과 세오녀

신라 제8대 임금인 아달라왕 때(157년)의 일이다. 동해 바닷가 한 마을에 연오랑과 세오녀 부부가 살고 있었다. 연오랑이 바닷가에서 해초를 뜯을 때였다. 바위 하나가 나타나더니 연오랑을 싣고 왜국으로 데려갔다. 왜인들은 바위를 타고 온 연오랑을 신이하게 여겨 그들의 왕으로 모셨다. 세오녀는 소식 없는 연오랑을 찾으러 바다에 나갔다. 남편이 벗어놓은 신발이 바위 위에 있었다. 그 바위가 세오녀를 태우고 왜국으로 건너

갔다. 왜인들이 연오랑에게 사실을 아뢰었다. 왜국에서 다시 만난 연오랑과 세오녀. 연오랑은 왜인들의 왕이 되고 세오녀는 왕비가 되었다.

그때 신라의 해와 달이 빛을 잃었다. 일관이 왕에게 아뢰었다. 신라에 있던 해와 달의 정기가 왜국으로 가버리니 변괴가 생겼다는 거였다. 왕은 왜국에 사신을 보냈다. 신라의 사신에게 연오랑이 말했다. "내가 이 나라에 온 것은 하늘이 시킨 일이니 돌아갈 수 없다. 왕비가 짠 비단으로 하늘에다 제사를 올리면 신라의 어려움이 풀릴 거다."

사신은 세오녀가 짠 비단을 들고 신라로 돌아왔다. 왕에게 자초지종을 아뢰었다. 그리고 하늘에다 제사를 올렸더니 연오랑의 말대로 해와 달의 정기가 돌아왔다. 신라에서는 그 비단을 궁의 창고에 간수하여 국보로 삼았다. 이 창고를 '귀비고(貴妃庫)'라 이름 지었다. 하늘에다 제사를 모신 곳을 영일현 또는 도기야(都祈野)[21]라고 불렀다는 이야기다.

어떤 이는 이 이야기를 신라가 왜를 정복한 일화라고 풀이한다. 연오랑과 세오녀를 해와 달의 정령이라고 보는 견해도 있다. 단군신화에서 곰이 사람으로 거듭나는 설정과도 닮아있다. 눈 밝은 일연스님은 삼국유사에 '연오랑이 왜국의 왕이 된 적

---

21 이는 도지들, 즉 '해돋이들'이라는 뜻을 지닌 옛말이다.

이 없다'라는 주석을 달아둔다. 해와 달의 정기가 왜국으로 간 것은 나라의 힘이 그리로 갔음을 의미한다. 해와 달이 빛을 찾은 것은 신라가 다시 힘을 지니게 되었음을 뜻하고.

동해안을 노략질하던 왜구들이 얼마나 미웠으면 해와 달의 정령을 만들어서 왜국을 부리는 이야기를 지어냈을까. 이 설화가 실제로 왜국을 정벌한 이야기였더라면 속이 더 후련했을 텐데.

미추왕과 댓잎병정

신라 제13대 미추왕(262~284년)은 김알지의 7대손이다. 김알지부터 대를 이어 벼슬이 높고 덕망이 있었다. 사람들은 지금의 경주 대릉원에 있는 미추왕릉을 경주김씨의 시조 왕릉이라 부른다. 미추왕이 신라 김씨 왕조를 연 첫 임금인 것이다.

제14대 유례왕(284~298년) 때 이서국이 금성(경주)으로 쳐들어 왔다. 군사를 동원해서 막았지만 힘에 부쳐 무너질 형편이었다. 그때 한 무리의 병사들이 나타났다. 그들은 귀 쪽에 댓잎을 꽂고 있었다. 그들의 도움을 받은 사로(신라)가 이서 군사를 물리쳤다. 이서 군사가 물러간 뒤에 그 댓잎 병정들은 어디로 갔는지 알 수가 없었다. 댓잎만이 미추왕릉 앞에 굴러다

닐 뿐이었다. 그제야 댓잎 병정들이, 죽은 미추왕이 보낸 혼령들이었으며 그 음덕에 이서군사를 물리칠 수 있었다는 걸 알았다. 이 댓잎 병정들이 나타난 미추왕릉을 죽현릉(竹現陵)이라고 불렀다.

서기 779년이니 혜공왕(765~780년) 때다. 김유신 장군의 묘에서 회오리바람이 불었다. 말을 탄 장군의 혼령이 나타났다. 갑옷을 입은 마흔 명의 군사를 이끌고 장군은 죽현릉으로 들어갔다. 무덤 안에서는 장군의 하소연이 들려왔다. "신은 난국을 구하고 삼국을 통일한 공이 있나이다. 죽어서도 나라를 보호하여 환란을 구하려는 마음 여전하온데, 제 자손이 죄도 없이 처형당했나이다. 이게 어찌된 일입니까? 차라리 먼 곳으로 가서 다신 나라 걱정을 않겠나이다." 미추왕이 말했다. "과인과 공이 나라를 지키지 않는다면 백성들은 어떻게 되겠소? 공은 예전과 같이 나라를 위해 힘쓰도록 하시오." 장군이 세 번이나 떠나겠다고 청했으나 왕은 들어주지 않았다. 김유신과 군사들은 할 수 없이 다시 장군의 무덤으로 돌아가야 했다.

이 소식을 들은 혜공왕은 후환이 두려웠다. 김경신을 그의 무덤에 보내 잘못을 빌었다. 그의 명복을 빌기 위해 세운 절에는 비단과 땅을 내려주었다. 미추왕의 혼령이 아니었더라면 김유신의 노여움을 막지 못했을 것이다.

대릉원의 미추왕릉(경주시 황남동)

충신 박제상[22]

신라 제19대 임금인 눌지왕 2년(418년)의 일이다. 왕의 아우인 보해(복호) 왕자가 고구려에 볼모로 가 있었다. 왕은 아우를 구출하려고 했다. 적국으로 목숨 걸고 가겠다고 나선 이는 삽량주(양산) 태수 박제상이었다. 제상은 고구려로 들어갔다. 왕자를 구해 고성에서 배를 탔다. 고구려 군사들이 따라왔다. 어

22 삼국유사의 기록에는 '김'제상으로 나오지만 여러 역사적 사실에 비추어 '박'제상으로 고쳐 쓴다.

쩐 일인지 군사들이 화살촉을 빼고 활을 쏘았다. 평소 보해 왕자의 인간미를 아는 군사들이 살려 보낸 거였다. 그 덕에 박제상은 왕자와 함께 무사히 돌아올 수 있었다. 눌지왕은 박제상의 공로를 치하하는 연회를 베풀었다. 근데 왜국에 볼모로 있는 미해(미사흔) 왕자가 생각났다. 그마저 구하고 싶었다. 박제상은 곧장 말을 몰아 궁궐을 빠져나갔다. 부인이 기다리는 집에 들르지도 않았다. 김씨 부인과 두 딸이 말을 타고 달려나갔다. 박제상을 태운 배는 떠나고 있었다. 부인은 백사장에 주저앉아 부르짖었다. 친척들이 일으켰으나 부인은 다리를 뻗은 채

장사 벌지지 표석(경주시 배반동)

일어나지 않았다. 훗날 그곳을 벌지지(伐旨旨: '뻗치다'의 고유어)라 하고, 그 백사장을 장사(長沙)라 이름 지었다.

왜왕은 눌지왕의 탄압을 피해 왔다는 박제상을 거두었다. 신라의 장수, 제상이 미해 왕자와 함께 있도록 했다. 제상은 미리 준비해 둔 배편으로 미해를 보내고는 붙잡혔다. 왜왕은 박제상을 추궁하며 그의 신하가 될 것을 강요했다. "나는 계림의 개돼지가 될지언정 왜왕의 신하가 될 수 없다." 박제상은 혹독한 고문 끝에 화형을 당했다.

눌지왕은 신라로 돌아온 왕자를 맞이하여 잔치를 베풀었다. 대사령을 내려 죄인들을 풀어주었다. 박제상의 부인 김 씨를 국대부인에 봉하고, 차녀는 미해 왕자의 비로 삼았다. 부인은 동해가 보이는 치술령에서 남편을 그리워하다가 망부석이 되었다는 이야기다.

실성왕의 욕망

413년의 일이다. 신라 제18대 실성왕(402~417년)은 선왕인 내물왕의 태자를 죽이려고 했다. 실성왕은 태자가 고구려에 볼모로 있는 동안, 신라왕이 되었기에 늘 마음에 걸렸다. 왕은 고구려 군사를 통해 태자를 없애려 했다. 고구려군은 실성왕의 부탁을 들어주는 대신 그 일을 태자에게 알렸다. 평소 어진 행실을 알고 되레 태자와 함께 신라로 내려와서 실성왕을 죽였다. 그리고 태자를 신라 제19대 임금(눌지왕)으로 추대하고 고구려로 돌아갔다.

다르게 전해지는 이야기도 있다. 태자가 고구려군을 데리고 신라로 오자 신라 백성들이 태자의 편이 되었다. 실성왕은 지레 겁을 먹고 왕궁을 빠져나가 낭산으로 숨었다. 태자와 고구려군이 추격하자 신선바위에서 몸을 던져 자살했다는 이야기다. 이 참극은 삼촌이 조카 대신 왕이 되어 그 후환을 없애려다가 피습당한 사건이라 하겠다.

아로 부인의 입장에서 한번 보자. 아로는 실성왕의 딸이다. 자신이 제거한 실성왕 계의 후환을 염려하여 삼촌의 딸을 취한 눌지왕의 비다. 신라에서 사촌과 혼인한 왕들이 있긴 해도 흔하지는 않다. 신라 왕가의 친인척 간 혼인은 대개 권력을 유지하는 수단이었다. 아로 부인의 입장에선 남편이 아버지(실성왕)를 죽였으니 그 마음이 어땠을까?

순리를 거스르면 비극이 닥친다. 눌지와 고구려 군사에게 죽임을 당한 건 화를 자초했다고 볼 수 있다. 태자와 고구려 군사의 압박으로 자살했대도 그것은 자신의 업보다. 실성왕은 탐욕으로 화를 당한 것이다. 태자가 어린 데다 고구려에 볼모로 가 있었으니 스스로 왕이 되기에 좋은 기회였다. 신라 왕실의 유고를 방임할 수 없다는 핑곗거리도 있었다. 하지만 왕이 되면 사람이 달라진다. 절대권력을 지니고 싶었을 테고 태자만 없으면 만사형통이니.

신라 말기에는 모반과 반역이 자주 일어났다. 그 모반과 반역은 다른 모반과 반역에 시달려야 했다. 지나친 욕망은 화를 부른다.

거문고 갑을 쏴라

488년, 신라 제21대 소지왕(479~500년)이 정월 대보름에 천천정으로 나들이했다. 까마귀가 날아오더니 까옥까옥 울어댔다. 지나가던 쥐가 까마귀가 우는 까닭을 알려줬다. "까마귀가 가는 곳을 따라가야 합니다." 왕은 까마귀를 뒤쫓으라고 명했다. 기마병이 까마귀를 따라 남산 동쪽으로 갔다. 돼지 두 마리가 싸우고 있었다. 돼지가 싸우는 걸 보느라고 기마병은 까마귀가 날아간 곳을 깜빡하곤 자리를 서성였다. 연못에서 한 늙은이가 나오더니 편지를 전했다. 겉봉에는 이렇게 씌어 있었

다. '임금께서 이 편지를 뜯어보면 두 사람이 죽고, 뜯지 않으면 한 사람이 죽습니다.'

기마병이 왕에게 편지를 올렸다. 왕이 물었다. "편지를 뜯어서 두 사람을 죽이느니 안 뜯고 한 사람만 죽게 하는 게 낫겠지?" 일관이 왕에게 속삭였다. "그 두 사람이란 서민을 말하고, 한 사람은 바로 임금님을 말한 것입니다." 자기가 죽는다는데 왕은 편지를 뜯을 수밖에. 편지에는 이렇게 적혀 있었다. '거문고 갑을 쏴라.'

왕은 급히 궁궐로 돌아갔다. 내전에 있는 거문고 갑을 활로 쏘았다. 비명이 들리고, 거문고 갑에서 피가 배어 나왔다. 왕비가 승려와 그 안에서 정사를 하던 중이었다. 내전에서 분향하며 수도하고 있는 승려였다. 간통 현장을 목격한 왕은 두 사람을 중형으로 다스렸다.

그 후로 해마다 정월 첫 해일(亥日: 기해己亥, 정해丁亥 등)과 자일(子日)과 오일(午日)에는 삿된 행실을 삼가도록 했다. 정월 대보름날은 까마귀의 죽음을 기리는 오기일(烏忌日)이라 해서 정성껏 찰밥을 지어 올렸다. 집집이 돼지 싸움 구경에 놀아나다가 부정한 일을 당하지 않도록 경계로 삼은 것이다. 이런 날에는 바깥출입을 삼갔다. 그래야 가정이 화평하다고 믿었기 때문이다. 당시 신라는 고구려 장수왕의 침입에 시달리는 통

서출지와 이요당(경주시 남산동)

에 나날이 버거운 처지였다. 문밖출입을 삼갈 수밖에 없었을 터다.

한편, 노인이 편지를 전해준 연못을 서출지(書出池)라 이름했다.

신라 때는 남녀 사이가 개방적이었다고 한다. 간통죄가 없었는데, 바람피웠다고 극형에 처했다는 건 앞뒤가 맞지 않는다. 왕비는 엄연히 살아 있었고, 화가 난 왕은 그 후로 보란 듯이 맞바람을 피웠다. 소지왕의 늦바람 때문에 왕비가 애를 먹었다는 이야기가 야사에 따로 전한다.

지증왕의 '거시기'와 우산국 정벌

#1

신라 제22대 임금은 성이 김씨, 이름은 지대로(智大路)이며 시호는 지증(智證)이다. 왕의 사후에 그 행적을 기리서 붙여주는 시호(諡號)가 이때부터 시작되었다. 거서간, 차차웅, 이사금, 마립간이라는 호칭을 왕으로 바꾼 것도 지증왕(500~514년) 때부터다.

지증왕은 음경이 몹시 컸다. 그 길이가 한 자 다섯 치라고 나온다. 배필을 구할 도리가 없었다. 신하들이 온 마을을 찾아 헤매던 중 모량부에 갔을 때였다. 동구 밖에서 개 두 마리가 엄청나게 큰 똥을 서로 먹으려고 싸웠다. 그걸 신기하게 구경하는 소녀가 있었다. 신하가 그 똥이 누구의 것인지를 물었다. 소녀가 대답했다. "모량부 장 공의 딸입니다. 빨래를 치댄다고 용을 쓰다가 실례한 겁니다."

신하가 장 공의 집을 찾아갔다. 똥을 쌌다는 여자가 거기 있었다. 몸집이 어마무시했다. 신하는 보고들은 대로 왕에게 아뢰었다. 지증왕은 반색했다. 그리고 그 큰 여자를 왕비로 삼았다.

고구려와 백제는 불교를 받아들이고 율령을 반포하여 일찍 고대국가의 틀을 갖추었다. 신라는 뒤늦게 나라 구실을 할 수 있었다. 이때만 해도 백성들이 왕을 웬만하게 놀려대도 별일이 없었다. "왕의 음경이 팔뚝만 하데. 그걸 둘둘 말아 어깨에 올리고 다닌대." 과장되고 괴이한 소문이 삽시간에 퍼졌다. 왕비의 그것이 또 어떠했는지 쑥덕거렸다. 사람들이 모이기만 하면 이 말 저 말 보태며 낄낄거렸다. 왕과 왕비의 생식기가 우람한 만큼 후손들도 번창할 거라고 믿던 시절이었으니.

#2

신라의 동쪽 바다에는 우산국이 있었다. 힘이 천하장사라는 우해가 다스리는 나라였다. 우해는 대마도를 아우르고 왜왕의 딸을 비로 삼았다. 그녀의 사치는 소문이 자자했다. 목걸이와 귀고리, 반지와 칠보 자개를 얻으려고 우산국은 신라의 동해안을 노략질하기도 했다. 신라가 조공을 요구했으나 번번이 거절했다. 바닷물이 깊어서 항해술이 뒤처진 신라의 배가 깊은 바다까지 못 올 줄 알았던 게다. 지증왕이 원종 – 제23대 임금인 법흥왕이 된다 – 과 이사부에게 우산국을 정벌하라는 명령을 내렸다. 둘은 나무를 깎아 사자머리 인형을 만들었다. 뱃머리에서 군사들이 인형을 조종하면서 실전처럼 연습했다. "항복하지 않으면 이 짐승들을 풀어놓겠다." 오랑캐들은 달려들 듯 포효하는 사자머리 병법에 속아 항복했다. 지증왕은 이사부에게 상을 내리고 울릉도를 다스리게 했다.

진흥왕의 뉘우침

신라 제24대 진흥왕(540~576년)은 7세에 임금이 된다. 왕의 나이가 어려 태후가 섭정한다. 태후는 법흥왕의 딸 지몰 시혜. 지증왕의 아들이자 법흥왕의 아우인 사부지 갈문왕의 부인이다. 진흥왕은 정복 군주였다. 말년에는 불교에 귀의하여 43세에 숨을 거둔다.

서기 554년 9월에 백제가 쳐들어왔다. 신라의 여기저기가 쑥밭이 되었다. 백제는 이전부터 신라와 연합해 고구려를 치려고 했다. 진흥왕은 통 크게 선언했다. "나라의 흥망은 하늘에 달려 있다. 하늘이 고구려를 미워하지 않는다면 내 감히 고구려가 망하기를 바랄 수 있겠느냐?" 왕은 고구려를 치지 않았다. 고구려의 양원왕(제24대, 545~559년)은 진흥왕과 사이좋게 지냈다. 위기를 느낀 쪽은 백제의 성왕(제26대, 523~554년)이었다.

진흥왕은 신라의 영토를 가장 많이 넓힌 왕이다. 선화 제도를 화랑 제도로 바꾸고, 화랑도의 힘으로 국력을 키웠다. 성왕

북한산 신라 진흥왕 순수비(서울특별시 종로구 구기동. 원 안은 옛 모습) *문화재청

을 상대로 복수전을 펼치기도 했다. 백제의 젖줄이던 한강 유역을 놓고 싸웠다. 김무력 장군이 성왕을 사로잡았다. 성왕은 함께 출정한 태자(창)을 돌려보내고 목숨을 내놓는다. 태자는 복수심을 불태우며 위덕왕(백제 제27대, 554~598년)으로 등극한다. 진흥왕의 카리스마를 감당하기엔 역부족이었다. 백제는 곤경에 처한다. 진흥왕은 한 걸음 더 나간다. 거칠부를 시켜 국사를 펴내 문화적 위세를 떨쳤다. 금관가야를 아우르고 삼국의

중심으로 우뚝 선다. 신라의 국경이 고구려의 함흥까지 올라갔다. 막강한 위세였다. 말년에는 인간으로 돌아왔다. 정복 군주답지 않게 그간의 패덕을 빌며 불교에 귀의했다. 그의 뉘우침은 소박한 왕릉에서 알 수 있다.

도화녀와 귀신 비형랑

진지왕(신라 제25대)은 여염의 도화를 지극히 사모했다. 즉위한 지 4년(579년) 되는 해에 왕 자리에서 물러났다. 그리고 얼마 후에 죽었다. 이어서 도화의 남편도 죽었고, 왕의 혼령은 죽어서도 못 잊던 도화의 방에 찾아가 '돌직구'를 날린다. "이제 남편이 없으니 우리 같이 자자." 도화가 난처해서 여쭈니 부모가 말했다. "임금님이 원하시고 약속까지 했으니 어찌할 방도가 없겠구나." 부모는 도화를 진지왕의 혼령이 기다리는 방에 들게 했다. 왕과 도화는 7일간 한방에 머물렀다. 오색구름이 집을 덮고 방안에는 향기로 가득 찼다. 왕이 떠난 뒤 열 달째, 천지가 진동하고 도화가 사내아이를 낳으니, 그가 바로 비형이다.

다음 임금인 진평왕은 비형을 궁궐에서 길렀다. 열다섯 살이 되자 비형은 밤마다 궁 밖으로 나가 놀았다. 군사들이 감시해도 비형은 담을 넘어 황천 언덕으로 달아났다. 그곳에서 귀신들과 놀다가 새벽에야 돌아오곤 했다. 왕이 비형을 불러 명령했다. "네가 귀신을 데리고 논다며? 그렇다면 귀신들을 시켜 신원사 북쪽 개천에 다리를 놓아라." 비형은 귀신들을 시켜 하룻밤 새에 귀교(鬼橋, 귀신 다리)를 놓았다. 왕이 물었다. "사람으로 변신해서 나랏일을 할 귀신이 있냐?" 비형이 대답했다. "네, 길달이 할 수 있습니다."

이튿날, 비형이 길달을 데리고 왔다. 왕은 길달을 집사로 임명했다. 길달은 충성스럽고 정직하게 일했다. 마침 각간 임종이 자식이 없어 길달을 아들로 삼게 했다. 임종은 길달을 시켜 흥륜사 남쪽에 문루를 세웠다. 길달은 밤마다 그 위에서 잠을 잤다. 그 문루가 길달문이다.

한날은 길달이 여우로 변신하여 궁 밖으로 도망을 쳤다. 비형은 귀신을 시켜 길달을 죽였다. 이 때문에 귀신들은 비형이라는 말만 들어도 달아났다. 그 후로 사람들은 이런 글을 대문에다 붙여 귀신을 쫓았다. '귀신을 부린 비형의 집이 여기다.' 이 글에는 숨은 진실이 담겨 있다고 본다. '비형은 진지대왕이 여염의 여인에게서 낳은 사람의 아들이니 함부로 대하면 안 돼.'

선도산의 진지왕릉(경주시 서악동)

하늘이 주신 옥대

신라 제26대 진평왕(579~632년)은 키가 11척이었다. 어느 날 천주사에 왕림하여 섬돌을 밟자, 커다란 돌 두 개가 한꺼번에 부러졌다. 왕이 신하와 승려들에게 말했다. "이 부러진 돌을 그대로 두고, 훗날 사람들이 보도록 하시오." 이것이 월성 안에 있는, 다섯 개의 움직이지 않는 돌 가운데 하나다.

하루는 천사가 대궐 뜰로 내려와서 말했다. "하느님이 이 옥대를 전해주라고 명하셨습니다." 왕이 꿇어앉아 그걸 받으니 천사는 하늘로 올라갔다. 이후로 동지에는 하늘을 향에, 하지에는 땅에다 제사를 모셨다. 중요한 의식이 있을 때마다 옥대를 허리에 둘렀다.

한날은 고구려 평원왕(제25대, 559~590년)이 신하들에게 물었다. "신라에는 세 가지 보물이 있다고 들었다. 그래서 다른 나라가 침범하지 못한다던데, 대체 그게 무엇이냐?" 신하들이 아뢰었다. "첫째는 황룡사의 장륙존상입니다. 그 절에 있는 구층탑이 둘째, 하늘이 내린 진평왕의 옥대가 그 셋째입니다." 이 말을 듣고 평원왕은 신라를 칠 생각을 접고 시를 읊었다.

> 구름 밖에 하늘이 주신 긴 옥대는/ 임금의 곤룡포에 알맞게 둘러 있네/ 신라 임금 이제부터 몸 더욱 무거우니/ 이 다음날엔 쇠로 섬돌을 만들 것이네.

하늘이 신라왕에게만 옥대를 내렸다는 데엔 까닭이 있을 것이다. 여기서 하늘이란 수나라의 황제를 가리킬 수도 있다는 생각이 든다. 고구려의 힘이 한풀 꺾인 때지만 수나라와 신라가 동맹이었기에 함부로 침범하기 어려웠을 터다. 신라는 선덕여왕 때 전무후무한 황룡사구층목탑까지 세웠다. 천축국에서도 실패한 장륙존상을 만든 기술 강국이기도 하다. 강대국과 동맹까지 맺었으니 고구려로선 어떻게 할 수가 없었다. 설상가상 아차산성에서 온달장군이 죽고부터는 신라가 삼국의 맹주로 떠오른다. 그 뒤로도 고구려는 신라에게 큰소리를 쳤다. "조공을 바치라우!"

진평왕릉(경주시 보문동)

선덕여왕의 세 가지 지혜

나중에 선덕여왕(신라 제27대, 632~647년)이 된 덕만은 진평왕의 둘째 공주였다. 임금이 되어 나라를 다스릴 때 여왕은 세

가지 일을 예견했다.

첫째는 당나라 대종이 그림을 보내왔을 때다. 여왕은 붉은 빛, 자줏빛, 흰빛의 모란 그림을 보고 말했다. "이 꽃은 향기가 없어." 신하더러 씨를 심어보게 했다. 모란이 자라서 꽃이 피니 과연 그랬다.

둘째는 영묘사에서 있었던 일이다. 겨울인데도 옥문(연못)의 개구리가 사나흘을 울었다. 여왕은 알천과 필탄 각간에게 명했다. "서쪽 변방에 있는 여근곡을 찾아 적병을 습격하라." 두 각간이 군사를 거느리고 여근곡으로 갔다. 백제 군사 오백여 명이 숨어 있었다. 남산의 고개 바위에 숨은 우소(백제의 장수)를 쳤다. 그 후방에 있던 적병 천이백을 남기지 않고 해치웠다.

셋째는 왕이 아직 병들지 않은 날 신하들에게 일렀다. "아무 해 아무 날에 내가 죽으면 도리천에 장사 지내주시오." 신하들이 거기가 어딘지를 여쭈었다. 여왕이 대답했다. "낭산 남쪽이오." 여왕이 운명하기 전에 신하들이 여쭈었다. "어떻게 모란꽃에 향기가 없고, 개구리의 울음을 듣고 변고가 있다는 걸 아셨습니까?" 왕이 대답했다. "그림에 나비가 없으니 그 꽃에 향기가 없다는 걸 알았소. 이것은 당나라 대종께서 나를 배필이 없다고 놀린 게요. 개구리가 성이 난 것은 병사의 형상이지요, 옥문은 여자의 음경이고. 여자는 음이고 그 빛은 희니, 흰빛은 서쪽을 뜻하고요. 적군이 서쪽 여근곡에 있었던 게지요. 남근이 여근에 들면 풀이 죽는 법이잖소. 적을 잡기가 어렵지 않다는 것도 그래서 안 거요."

여왕은 예견한 날에 운명했다. 신하들은 낭산의 남쪽 양지바른 곳에다 장사지냈다. 나중에 문무왕(제30대, 662~681년)이 여왕의 무덤 아래에다 사천왕사를 지었다. '사천왕천 위에 도리천이 있다'는 경전의 말씀대로 여왕을 극진하게 대우한 것이다.

낭산의 선덕여왕릉(경주시 배반동)

황룡사지의 구층목탑 심초석(경주시 구황동) 발굴 모습(1978년) *문화재청

황룡사 구층목탑 복원도 *경주시

신하를 잘 둔 진덕여왕

신라 진덕여왕(제28대, 647~654년)은 '태평가'를 지었다. 이 노래의 가사를 비단에다 수놓아 당나라 태종(제2대, 626~649년)에게 선물했다.

당나라의 왕업 세우니 드높은 님의 뜻 창성하여라/ 전쟁 끝나니 천하를 아우르고 문치를 닦으니 많은 임금이 뒤를 잇네/ 하늘 거느리니 좋은 비 내리고 만물 다스리니 모든 것이 눈부시게 빛나네/ 깊은 인덕은 해와 달에 버금가고 돌아오는 운수는 효순보다 앞서네/ 깃발은 어찌 그리 번쩍이는가 징소리 북소리 참으로 웅장하여라/ 황제의 명령 거역하는 오랑캐는 칼 앞에 나자빠져 천벌 받으리/ 순후한 풍속 곳곳에 퍼지니 멀고 가까운 데서 서광이 이네/ 사계절 기후는 왕촉의 충성처럼 고르고 날마다 밝은 빛은 온누리에 비치네/ 산악의 정기는 보필할 재상을 낳고 님께선 믿음직한 신하에게 일을 맡겼네/ 삼황오제의 덕 하나로 이룩되니 우리 당나라 황제를 밝게 하리라

태종은 이에 감동하여 진덕여왕을 신라왕으로 봉했다. 한편, 여왕 때는 믿음직한 신하들이 있었다. 알천공, 임종공, 술종공,

호림공, 염장공, 유신공이 그들이다. 이들이 남산 우지암에 모여서 나랏일을 의논하던 어느 날이었다. 호랑이가 나타났다. 다들 겁이 나서 자리를 피했다. 알천공이 호랑이의 꼬리를 쥐고 땅에다 메쳤다. 맨손으로 호랑이를 잡은 것이다. 이렇게 용맹했기에 그가 맨 윗자리에 앉았다. 이때부터 알천이라는 이름의 강이 지금껏 내려온다. 덕동에서 발원하여 보문호를 거쳐 경주를 지나 형산강에 이른다. 알천 공의 영향력을 짐작할 수 있다.

백성들은 또 덕망 높은 유신공을 우러렀다. 공이 중요한 일을 산에 들어가서 의논하면 이루어지는 거였다. 첫째는 경주 동쪽의 청송산이고, 둘째는 남쪽 우지산이요, 셋째는 서쪽의 피전(皮田), 넷째가 북쪽 금강산(영천시 소재)이다.

진덕여왕 때부터 정월 초하룻날엔 조례를 열고, 시랑(侍郎)이라는 칭호를 썼다. 걸출한 인물들이 있어 신라가 한창 커갈 때였다.

김유신의 맹세

김유신은 열여덟 살에 대표화랑이 된다. 어느 날 고구려를 치려고 맘을 먹었다. 그의 제자, 백석이 그 계획을 알고 끼어들었다. "적국을 정탐하고 난 다음에 거사를 도모하면 어떻겠습니까?"

유신은 고구려의 지리를 잘 아는 백석과 함께 국경을 향했다. 밤이 되자 여인 셋이 뒤따라왔다. 유신에게 음식을 대접하며 귀엣말을 했다. "몰래 드릴 말씀이 있습니다." 백석이 술에 취해 곯아떨어지자 세 여인이 유신을 숲으로 데리고 갔다. "우린 나림과 혈례와 골화의 호국신이다. 첩자가 공을 꾀어 가기에 말리려고 왔다." 그리고는 자취를 감추었다. 유신이 곧장 백석에게 말했다. "내가 중요한 걸 깜빡했네. 갖고 오자."

유신은 집에 도착하자 백석을 묶고 추궁했다. "전 본디 고구려 사람이오. 공은 전생에 고구려의 점쟁이 추남이었고. 한번은 강물이 거꾸로 흐르는 일이 생겼지요. 추남은 왕비가 음양의 도를 거슬러서 그런 거라고 간언했소. 왕비는 추남의 말을 못 믿고 그의 신기를 알아보려 했습니다. 문제를 내서 못 맞히면 극형에 처하기로 했지요. 왕비가 함 속에 동물을 넣고 그게 뭔지, 몇 마리인지 맞히라고 했소. 추남이 말했지요. 그건 쥐며 모두 여덟 마리라고. 동물을 꺼내 보니 쥐가 한 마리 들었거든요. 문제를 못 맞혀 왕이 그의 목을 치려 하자 추남은 여덟 마리가 맞는다고 다시 말했지요. 억울함을 호소했으나 그의 말을 믿는 사람이 없었습니다. 추남은 죽은 뒤에 적국의 대장으로 환생하여 고구려를 멸망시키겠다고 유언을 했지요. 추남은 참수를 당했습니다. 나중에 쥐의 배를 갈라보니 새끼가 일곱 마리 나왔지요. 그날 밤, 고구려왕은 추남이 신라 서현공의 부인 몸속으로 들어가는 꿈을 꾸었답니다. 해몽을 해 보니, 추남의 맹세대로 된다는 거였습니다. 그래서 제가 공을 해치려 한 겁니다." 유신은 백석의 목을 베고는 고구려를 칠 맹세를 했다.

> "울어라 칼/ 수천수만 목숨 뜨겁게 베어라/ 고구려왕의 목이 다 가차 없이/ 울어라 칼/ 대장부 세상에 나서 할 일을 알려다오/ 큰 살생 꿈꾸는 나를 용서하라/ 울어라 칼/ 애마보다 높이 울고 천관보다 깊이 울어라/ 내가 죽인 애마여 고구려가 죽인 추남이여/ 애마의 설움으로 달리고 추남의 한으로 울어라/ 울어라 칼/ 그가 죽어 내가 사니 한 몸에 사는 두 마음/ 고구려가 죽어 신라가 천년을 살리라"
>
> 필자의 뮤지컬 「김유신」 중에서

이 사건이 삼국통일을 향한 출발이었다.

김유신 장군 동상(경주시 남창동 황성공원) *경주시

태종 김춘추

보희와 문희는 김유신의 여동생이다. 어느 날 보희가 선도산 꼭대기에서 오줌을 눈다. 오줌물이 흘러내려 월성(경주)이 잠기는데 깨고 보니 꿈이었다. 문희가 그 꿈을 사려 하자 보희는 비단 치마를 주고 팔았다.

열흘이 지났다. 유신이 춘추하고 공을 찼다. 유신은 계획이 있었다. 일부러 춘추의 바지 끈을 밟아 술기가 터졌다. 옷을 수선해야 한다며 춘추와 함께 집으로 왔다. 보희는 사적인 일로 귀공자를 가까이할 수 없다며 바느질을 마다했다. 문희가 대신 옷을 꿰매었다. 춘추가 문희의 방을 드나들고, 둘이 그만 배가 맞았다.

유신은 누이를 꾸짖었다. "처녀가 애를 뱄다. 우리 누이가 애를 가졌다!" 칠푼이처럼 동네방네 소문을 냈다. 선덕여왕이 남산으로 나들이하는 걸 알고 유신은 뜰에 나무를 쌓아놓고 불을 질렀다. 치솟는 연기를 본 왕이 사연을 묻고, 여차여차해서 유신이 누이를 태워 죽일 참이라고 신하가 아뢰었다. 행차를 같이 나온 춘추의 낯빛이 벌게졌다. 왕이 명령했다. "자네가 한 짓이면 빨리 가서 구해라!"

추상같은 왕명을 받은 춘추는 말을 몰고 달려갔다. 휘파람을 불며 유신의 집으로 들어갔다. 그 후 춘추는 유신의 누이를 구한 수호천사가 되었다. 둘은 버젓이 혼례를 치렀다. 셋이서 짜고 친 일이었다.

654년, 춘추는 무열왕(신라 제29대, 654~661년)이 되었다. 8년을 삼국통일에 매진하고 운명했다. 왕릉에 바친 묘호(廟號)가 황제만 쓸 수 있는 시호인 태종(太宗)이었다. 왕은 식욕도 대단해서 하루에 쌀 서 말과 꿩 아홉 마리를 먹었다. 백제를 아우른 뒤론 점심을 걸렀음에도 쌀 여섯 말, 술 여섯 말, 꿩 열 마리를 뚝딱했고. 과연 '밥 장골이 일 장골'이었다.

태종 무열왕 영정
(경주시 남산동 통일전)

신문왕(제31대, 681~692년) 때는 당나라의 고종(제3대, 649~683년)이 사신을 보내왔다. "황제의 부친 호칭을 쓰는 건 그 이름을 욕되게 하는 일이니 쓰지 말라 하십니다." 신문왕이 글을 올린다. '신라가 김유신을 얻어 삼국을 통일했기에 무열왕을 태종이라고 한 것입니다.' 고종은 춘추가 당나라에 있을 때 말한 내용을 책에 써둔 걸 떠올렸다. "하늘의 신이 신라에 나서 김유신이 되었다. 그러니 그 칭호를 쓰게 하라."

고종은 이내 그 칭호를 써도 좋다며 물러섰다. 나당전쟁[23]에서 패한 아픈 경험에 내심 놀라고 두려웠을 것이다. 이렇듯 통일신라 초기의 왕들은 당나라와의 관계에서 자주적인 면을 보여주었다. 삼국통일의 기틀을 마련한 김춘추의 공덕이라 하겠다.

23 백제와 고구려 멸망 후, 신라와 당나라가 670년에서 676년까지 싸운 전쟁.

장춘랑과 파랑

장춘랑과 파랑은 황산벌에서 백제 군사들과 싸우다가 죽는다.

나당연합군이 백제를 칠 때였다. "저희는 나라를 위해 몸을 바쳤습니다. 백골이 된 지금도 종군하여 나라를 지키고 있습니다. 하오나 소정방의 위엄에 눌려서 그의 뒤만 좇아다니고 있습니다. 대왕이시여! 저희에게 백제를 칠 정예 군사를 주십시오."

태종 무열왕의 꿈이었다. 죽은 신하가 꿈에 나타나니 놀라고 괴이한 일이었다. 왕은 장의사[24](壯義寺)를 세워 두 화랑의 명복을 빌었다.

장춘랑과 파랑은 화랑 관창을 지휘한 신라의 부대장이었다. 신라군은 흠춘과 품일이 군사를 이끌고 백제의 충상과 상영에 맞섰다. 정예군을 앞세운 백제가 기선을 제압했다. 가뜩이나 밀리는 판에 소정방의 전갈이 왔다. 황산벌을 포기하고 당나라 군사를 따라 사비성을 공격하자고 했다. 분을 참지 못한 파랑은 당나라 전령을 죽여 버렸다. 내친김에 관창이 적진으로 돌진했다. 죽은 관창의 목이 말에 매달려왔다. 분루를 삼키며 관

24 서울 종로에 있었던, 삼국시대 신라의 무열왕이 659년에 세운 절.

창의 아버지 흠춘은 작전을 새로 짰다. 장춘랑은 관창의 목을 말안장에 달고, 파랑은 관창의 모자를 쓰고 싸우다가 장렬히 전사했다. 꽃다운 청춘, 화랑들의 희생으로 신라군은 용기백배하여 황산벌 전투에서 이긴 것이다.

전투 중에는 신라와 당나라의 작전 주도권 문제로 관계가 껄끄러웠다. 나당연합군 총사령관인 당나라 소정방의 지휘 아래였으나 신라의 장수와 화랑들은 주도적으로 싸우려 했다. 황산벌에서 승기를 잡고도 신라는 당나라의 뜻대로 합동작전을 펼쳐 백제의 사비성을 함락했다. 총사령관의 명을 따를 수밖에 없었다. 당나라 전령을 죽인 일은 다른 핑계를 대고 무마했다.

꿈에서 장춘랑과 파랑이 전쟁 주권을 말했다는 것은 무열왕이 평소 그 일로 시달렸다는 얘기일 것이다. 소정방의 작전 지휘를 따라야 했던 신라왕의 참담함을 어찌 말로 다 하겠는가?

2부

하나가 둘,
둘이 셋,
셋은 다시 둘로

2부

하나가 둘, 둘이 셋, 셋은 다시 둘로

문무대왕

668년, 나당연합군이 고구려를 아우르자 당나라 군대가 우리 땅에 머문다. 장차 신라를 차지하려는 음모였다. 그걸 알고 문무왕이 먼저 당나라 군사를 쳤다. 당고종이 "우리 군사를 청해다가 고구려를 멸하고선 우릴 친 까닭이 뭐지?" 하며 인질로 가 있던 김인문을 옥에 가두었다. 그리고는 신라를 칠 50만 군사의 전열을 가다듬었다. 당나라에 와 있던 의상법사가 김인문한테 그 사실을 듣고 신라로 귀국했다. 곧장 문무왕에게 아뢰었다. 왕은 나라를 지킬 궁리를 당부했다. 각간 김천존이 나섰다. "용궁에서 배운 명랑법사의 비법이 필요한 때입니다." 명랑법사가 거들었다. "낭산 남쪽 신유림에 사천왕사를 짓고 도량을 열겠습니다."

당나라 군사들이 서해로 들어온다는 전갈이 왔다. 명랑은 비단으로 천막 절을 지었다. 띠풀을 엮어 오방신[1]상을 만들어 세웠다. 유가승 열둘을 모시고 '문두루(만트라mantra : 명상 때 외는 주술)비법'을 쓰게 했다. "바람아 불어라, 당군은 간다[2]." 명랑 법사가 앞서 부르면 유가승들이 따라 읊었다. 온 백성이 기운을 모아 함께 외쳤다. 월드컵 때 '붉은 악마'들과 국민들이 "대~한민국"을 외쳤듯이. 때마침 하늘이 도왔다. 풍랑이 일어나서 당나라 군사들이 바다에 수장되었다.

671년에 당나라가 조헌을 앞세워 5만 군사로 다시 쳐들어왔을 때도 그 비법을 썼다. 이번에도 당나라 군사들이 바다에 빠져 죽었다. 당 고종이 김문준에게 물었다. "무슨 비법을 쓰기에 두 번이나 대군을 보냈는데 한 명도 살아오지 못하느냐?" 김문준이 꾀를 내어 아뢰었다. "당나라의 힘으로 삼국을 통일한 공덕을 갚으려고 문무왕이 사천왕사를 짓고 폐하의 만수무강을 비는 법회를 연 것으로 압니다."

당 고종은 그 말을 믿을 수 없었다. 곧장 사신(예부시랑 악붕구)을 보냈다. 악붕구는 임시방편으로 지은 가짜 절임을 알아

---

1 불교에서 다섯 방위(동서남북과 중앙)를 담당하는 수호신.

2 필자의 상상이다.

채고 그 절에 들어가지 않았다. 문무왕은 금 천 냥을 그에게 안겼다. "신라 승려들이 사천왕사에서 황제의 건승을 빌더라고 전해주시오."

그 뒤로 별일이 없었으니 문무왕의 덕분이라 하겠다. 문무왕은 평소 버릇처럼 말했다. "과인이 죽으면 동해용이 되어 나라를 지키겠다." 지의법사가 여쭈었다. "용은 짐승으로 환생해야 하는데 어찌 이러십니까?" 왕이 대답했다. "그간 내가 지은 업보로 짐승의 몸이 된다면 그야말로 내 뜻이오."

문무왕의 뜻대로 그 시신은 바다에 묻혔다.

문무대왕 영정(경주시 남산동 통일전)

문무대왕릉(경주시 봉길리)의 일출

근심을 잠재우는 만파식적

신라 신문왕(제31대, 681~692년)은 선왕(문무대왕)을 위해 감은사를 짓는다. 죽어서도 나라를 지키는 아버지를 위한 마음이 헤아려진다. 경주 양북면 용당리에 있는 감은사지. 문무대왕의 화신인 용이 드나들도록 만든 통로의 흔적을 지금도 볼 수 있다.

감은사지의 용이 드나들었다는 통로, 용혈(경주시 용당리)

하루는 파진찬 박숙청이 아뢰었다. "동해에 있는 작은 산이 감은사 쪽으로 떠내려옵니다." 신문왕이 이상히 여겨 일관을 시켜 점을 쳐보았다. "문무대왕께서 용이 되어 나라를 지키십니다. 김유신 공도 인간세계에 나서 대신이 되었습니다. 덕 높은 두 성인께서 나라를 지킬 보물을 주시려나 봅니다."

이견대(경주시 대본리)에서 바라본 문무대왕릉

왕은 기뻐하여 대왕암 쪽을 볼 수 있는 정자(이견대)로 갔다. 그 작은 산(섬)을 바라보며 신하더러 알아보도록 했다. 신하가 배를 타고 가까이 갔다. 마치 거북 머리처럼 생긴 그 산 위에 대나무 한 그루가 있었다. 낮에는 둘이다가 밤엔 하나가 되는 대나무였다. 하늘과 땅이 흔들리고 비바람이 몰아쳐 7일간 세상이 껌껌해졌다. 왕이 배를 타고 들어가니 바다용이 검은 옥대를 주는 거였다. 왕이 물었다. "산이 대나무와 함께 갈라지고 합치는 것은 무엇 때문이냐?" 바다용이 대답했다. "두 손을 마주쳐야 소리가 나는 것과 같은 이칩니다. 대나무는 합쳐져야 소리가 납니다. 임금께서 이 신물(神物)로 천하를 다스리시라는 조짐입니다. 이 대나무를 쪄서 피리를 만들어 부시면 나라가 화평할 것입니다." 왕은 신하를 시켜 그 대나무를 쪘다. 대궐로 돌아와선 대나무피리를 만들어 간직했다.

나라에 위기가 닥칠 때 이 피리를 부니 적병이 물러가고 전염병이 나았다. 가뭄에는 비가 오고 장마 땐 날이 개었다. 거센 바람이 멎고 거친 파도가 가라앉았다. 온갖 근심을 잠재우는 이 피리를 만파식적(萬波息笛)이라 이름 짓고, 보물로 삼았다.

삼국을 통일한 신라에는 강력한 왕권이 필요했다. 외적의 침략과 가뭄과 홍수 걱정을 덜어줄 신령스러운 피리로 왕의 권위를 높였다. 문두루비법으로 당나라 군사를 물리쳤듯 혼란기 백성들의 마음을 한데 모은 만파식적이었다.

아낌없이 주는 죽지랑

신라 효소왕(제32대, 687~702년) 때 죽지랑은 대표화랑이었다. 제자 가운데 득오(得烏)라는 화랑이 있었다. 득오는 집에서 나다녔는데 한 번은 열흘이 넘게 나오지 않았다. 죽지랑이 득오의 어머니에게 물었다. 모량부의 아간, 익선이 부산성 창고지기로 득오를 데려갔다는 것이었다. 죽지랑은 술을 들고 제자들과 함께 그곳으로 갔다.

부산성 성문지기의 안내를 받았다. 득오는 밭을 갈고 있었다. 죽지랑은 득오에게 떡과 술을 먹였다. 그를 데리고 가려 하자 익선이 휴가를 주지 않았다. 마침 간진이 성안으로 가는 중이었다. 죽지랑이 간진에게 곡식 30석을 주면서 득오에게 휴가를 내달라고 했다. 간진도 허락하지 않았다. 이번엔 말안장을 선물했더니 휴가를 내주었다.

통일신라의 원동력이었던 화랑도의 위신이 그만큼 떨어진 때였다. 화랑을 통괄하는 화주가 그 말을 듣고 익선에게 벌을 줄 참이었다. 익선이 미리 알고 달아났다. 어쩔 수 없이 그의 맏아들을 잡아 왔다. 꽁꽁 언 연못의 얼음을 깨고 아들을 물에 넣었다. 익선이 나타나기를 기다렸으나 오지 않아 죄 없는 아들이 대신 얼어 죽었다. 효소왕이 왕명을 내렸다. '모량리 사람은 관리나 승려가 되지 못한다. 이미 승려가 된 자는 절에 들어가지 못한다.' 원측법사는 해동의 고승이었으나 승직을 받지 못했다. 모량이 출신이었기 때문이다.

진덕여왕(647~654년) 때 술종공이 삭주(지금의 춘천) 도독사로 부임하는 길이었다. 일행이 고갯길에 이르렀을 때 한 거사가 길을 내고 있었다. 공이 탄복하여 칭찬하니 거사와 서로 마음이 통했다. 공이 부임한 지 한 달이 지났을 때다. 거사가 방으로 들어오는 꿈을 꾸었는데 공의 아내도 같은 꿈을 꾼 것이다. 사람을 시켜 알아보니, 꿈에 나온 날 거사가 죽었다는 것이다. 공은 거사가 자신의 집에 환생할 거라 믿었다. 고갯마루에 거사를 장사지내고 그의 무덤 앞에 돌미륵을 세웠다. 그런데 공이 꿈을 꾸던 날 아내에게 태기가 있었다. 아기를 낳고 보니 그가 죽지였다. 화랑이 된 죽지랑은 김유신과 함께 삼국통일의 주역이 된다. 훗날, 스승을 그리워하던 득오는 향가를 짓는다. 모죽지랑가(慕竹旨郎歌)다.

> 지난봄 그리워하니 모든 게 근심과 눈물이네/ 낭이 아껴주시던 이 몸 다칠세라 조심해서 살자/ 눈 깜짝할 사이라도 그런 분 언젠가 다시 만나리/ 낭이여, 그리운 마음으로 나아가는 그 길이/ 다북쑥 우거진 마을에 어디 밤잠인들 찾아오랴

'신하교육헌장'을 공포한 성덕왕

706년, 신라 성덕왕(제33대, 702~737년) 때의 일이다. 흉년이 들어 민심이 사나워졌다. 이듬해에 왕은 궁궐 창고를 열어 백성들에게 곡식을 나누어줬다. 식구 한 명에 세 되씩 모두 삼십만 오백 석을 배급했다. 백성이 굶주릴 때도 조정은 먹을 게 넘쳤다. 조세가 어느 정도였는지 알 만하다. 왕은 또 삼국통일에 공이 큰 무열왕을 기려 봉덕사를 세우고 7일간 인왕도량을 열었다. 죄수들도 풀어줬다.

정치는 안정되고 나라가 융성해지자 당나라가 가만있지 않았다. 국경을 접한 발해를 치기 위해 신라에 지원병을 요청했다. 왕의 근심이 깊어갔다. 군사를 보내자니 그럴 형편이 안 되고 발해와 전쟁하자니 내키지 않았다. 고구려 유민이 세운 나라가 발해인 데다 다수 백성인 말갈인과도 갈등이 생길 판이었다. 그러나 당나라의 요구를 물리칠 수는 없었다. 당나라와 함께 발해를 쳤다. 당나라는 발해 땅을 일부 빼앗고 신라에는 '떡고물'이 떨어졌다.

한편 성덕왕은 왕권을 유지하려고 성정왕후를 내보내고 새 장가를 들었다. 젊고 예쁜 소덕왕후를 품에 들였다. 그리고 성정의 소생인 태자(중경)를 죽였다. 그 자세한 내막은 전해지지 않는다. 새 왕비의 소생이 다음 왕이 된 사실을 통해 유추할 수 있다.

삼국을 통일한 후 왕들은 권력을 강화했다. 우선 진골 세력에 대한 견제를 시작했다. 성정왕후의 배경인 진골들이 왕당파와 싸워서 졌기에, 왕후를 밖으로 보내야 했다. 왕은 이혼 위자료로 채색 비단 500필, 밭 200결, 조 1만 섬과 집 한 채를 주었다. 왕후를 사랑하면서도 이혼을 택한 것이다. 권력이 뭔지…….

어린 왕비와 살다 보니 발이 저렸던 걸까. 성덕왕은 어느 날 관리가 지킬 도리를 공포(公布)한다. 이것이 백관잠(百官箴)이다. 왕의 소문이 좋지 않자 되레 관리들의 입을 막은 것이다. 그런다고 비밀이 지켜질 리가 없다. 왕실과 관련된 비밀들이 터져 나온다. 한쪽을 누르니 다른 쪽이 부푸는 이치와 같다.

수로부인 납치되다

역시 신라 성덕왕 때다. 순정공이 강릉 태수로 부임하는 길이었다. 일행이 풍광이 빼어난 바닷가에서 걸음을 멈추었다. 절벽 바위에 철쭉이 피어있었다. 수로부인이 그걸 놓칠 리 없다. 누구든 꽃을 꺾어 달라고 했다. 깎아지른 절벽을 쳐다보고 올라가겠다는 사람이 없었다. 그때 암소를 몰고 가던 한 노인이 다가왔다. 시를 한 수 읊더니 가파른 절벽을 기어올랐다. 바위틈에 핀 꽃 한 송이를 꺾어 수로부인에게 바쳤다. 향가가 된 헌화가(獻花歌)를 부르면서.

> 자줏빛 벼랑은/ 고삐 쥔 암소를 놓게 하고/ 님이 나를 아니 부끄러워한다면/ 꽃을 꺾어 바치오리다

한 송이 꽃을 꺾으려고 재산목록 제1호인 암소를 두고 절벽을 오르겠는가? 누구나 여인의 미모에 빠질 수는 있지만 아무나 목숨을 걸진 못하는 법. 그를 존중해 줄 때 그런 용기가 생긴다. 사랑은 상대가 마음을 열 때 가능한 것이다. 거절하면 어쩌나 싶어 망설임 끝에 결행하는 게 고백이고 보면 보무당당한 노인이 틀림없다. 일행은 이틀을 더 걸어 임해정에 당도한다. 별안간 용이 나타나 수로부인을 바닷속으로 납치해 갔다. 눈 깜빡할 사이였다. 이때 다른 노인이 나타나서 말했다. "여러 사람의 말은 쇠도 녹인댔는데, 용인들 어쩌겠소? 사람들을 모아 지팡이로 강둑을 치면서 노래하시오. 부인을 만날 수 있을 거요."

일행은 노인의 말을 따라 막대기로 강둑을 치며 노래했다. 잠시 후 용이 수로부인을 데리고 나왔다. 부인은 순정공의 품으로 돌아왔다. 공이 그간의 일을 물었다. 부인은, 바닷속 세상은 산해진미와 칠보로 가득하다고 말했다. 부인의 몸에서는 아찔한 향기가 났다.

그 뒤로도 깊은 산이나 큰 연못을 지나다가 부인은 여러 번 납치를 당한다. 그때마다 해가(海歌)[3]를 불러서 대처했다.

> 거북아 거북아/ 수로부인을 내놓아라/ 남의 부인 앗아간 죄 얼마나 크냐/ 만일 거역하고 내놓지 않는다면/ 그물로 잡아 구워 먹으리

수로부인은 처용 부인, 도화랑과 함께 신라 3대 미인으로 이름났다. 내로라하는 권력자들이 가만있지 않았을 것이다. 수로부인 납치사건으로 알 수 있는 한 가지 전제는 '뜻을 모으면 세상도 바꿀 수 있다'는 사실이다.

한편 722년[4] 음력 10월에는 관문성(關門城)을 쌓았다. 모화

---

3 신라 때 불린 작자 미상의 노래. 가야 수로왕 신화에 나오는 「구지가」의 풍자적 개작으로 보기도 한다.

4 이 연대는 성덕왕 때이므로, 관문성 축조는 효성왕 편과 무관하나 삼국유사에는 이 편에 기록되어 있다. 오기(誤記)이므로 이쪽으로 옮긴다.

수로부인상(삼척시 임원항 수로부인 헌화공원) *삼척시

(毛火)[5]는 경주 동남쪽의 경계에 있는 마을로 왜군이 쳐들어오는 통로를 돌로 막은 대공사였다. 성의 둘레는 6,792걸음 반 – 걸음을 누가 쟀을까? – 이고, 인부는 39,262명이 동원되었다. 현장감독은 원진 각간이다. 빈틈없이 재고 기록한 덕에 관문성에 가면 성의 자취를 따라 걸음을 확인하고 싶다. 고대 어느 유적지를 가든 이런 생각이 든다. 이걸 누가, 누굴 위해서 만든 걸까? 누굴 위해서 만든 것은 다르겠지만 하층민의 손으로 만들었다는 건 똑같다.

---

5 신라 군사들이 불화살을 쏘아 왜구들의 머리까지 활활 태웠다고 해서 지명이 모화(毛火)다.

관문성(경주시 외동읍) *울산광역시

효성왕의 의아한 죽음

'도를 도라고 하면 참된 도가 아니요, 이름을 이름이라 하면 참된 이름이 아니다.' 도덕경(道德經)[6]의 첫 구절이다. 저마다

6 도가의 창시자인 노자가 쓴 경전. 『노자』라 불리다가 한대(漢代)에 이르러 『도덕경』으로 널리 알려졌다.

제가 옳다고 부르짖는 세상은 잘 돌아가지 않는다. 이게 바르다고 하면 저게 옳다 하고, 저것이 좋다고 하면 이것이 낫다고 한다. 이념이나 권력, 재산을 두고 다투다가 목숨을 잃는 이도 있다. '세상은 요지경'이다.

효성왕 때 바둑과 도덕경이 들어왔다. 귀족들은 당나라에서 파견 온 양계응(楊季膺)한테 바둑을 배웠다. 숲 그늘에선 귀족들이 여자를 끼고 도덕경을 읊어댔다. 왕과 왕비, 후궁과 친인척 간의 힘겨루기는 눈뜨고 볼 수 없을 지경이었다. 높으신 그들을 지키려고 선왕인 성덕왕 때 장정들은 피땀 흘리며 관문성을 쌓았다.

효성왕은 죽어서 그 뼈가 동해에 뿌려졌다. 왜구의 출몰이 그치지 않자, 문무대왕처럼 바다에 묻히겠다고 다짐한 터였다. 두 왕비를 두고도 영종 각간의 딸한테 반했고 그 때문에 사달이 났다. 태자를 못 낳은 것도 분한데 왕비의 인척들이 가만있었을 리가 없다. 한날 영종 각간의 딸이 죽는다. 왕이 그 원인을 제공한 셈이었다. 각간은 복수심에 불타 반란을 일으키다 죽었다. 효성왕도 의문의 죽음을 맞았다. 그래서 왕의 뼛가루가 바다에 흩뿌려진 게 아닐까. 죽어서도 왜구를 막겠다고 한, 살았을 적 왕의 소원을 들어주는 방식으로.

나라보다 아들이 먼저였던 경덕왕

신라 경덕왕(제35대, 742~765년) 때다. 강남 갔던 제비가 돌아온다는 삼월삼짇날. 왕은 위엄과 풍모를 지닌 승려를 모셔오라고 명했다. 신하들이 마침 길을 가던 한 고승을 모셔왔다. 왕이 보니 승려다운 풍모가 영 아니었다. 실례가 되지 않은 말을 하고 돌려보냈다. 이번엔 한길에서 누더기를 입고 삼태기를 진 승려를 찾아냈다. 해마다 이맘때 남산 삼화령 미륵불에 차를 끓여 바치는데 마침 그 일을 하고 오는 길이었다. 왕이 보니 겉모습과 달리 내공이 느껴졌다. 기꺼이 궁 안으로 맞아들였다. 그가 바로 삼태기 안에 찻그릇을 넣어 다니던 충담사다. 왕이 충담사의 차를 맛보니 향이 좋았다. 왕은 말했다. "기파랑을 찬미한 노래의 진수를 익히 압니다. 과인을 위해 한 곡 지어주실 수 있겠소?" 이렇게 해서 지은 향가가 「안민가」(安民歌)다.

> 임금은 아버지요/ 신하는 사랑 주는 어머니라/ 어여쁜 아이처럼 백성 돌보면/ 모든 사람이 그 은혜를 알리/ 우물쭈물 사는 중생/ 이들을 먹여 보살필지어다/ 이 땅을 떠나 어디로 가라고 하면/ 이 나라가 보전되는 줄 알리라/ 아아 임금답게 신하답게 백성답게 하면/ 온 나라가 태평하리니

왕은 후사가 없어 왕비를 폐하고 만월부인을 맞이했다. 하루는 표훈대사를 불러 천제께 태자를 점지해달라고 했다. 대사가 하늘로 가서 왕의 소원을 청했다. 천제가 말했다. "딸은 되지만 사내아인 곤란하다." 왕은 딸을 아들로 바꿔 달라고 했다. 대사가 또 청하니 천제가 말했다. "사내아이가 태어난다면 나라가 위태로우니라." 그리곤 힘줘 말씀하셨다. "하늘과 사람 사이를 어지럽혀선 안 된다. 대사는 천기를 누설했으니 다신 하늘나라에 오지 마라." 대사에게 하늘의 뜻을 전해 들은 경덕왕은 고집을 부렸다. 나라가 위태롭더라도 당신이 바라는 아들은 반드시 얻겠다며.

달이 차서 왕비가 태자를 낳았다. 태자는 기행을 일삼았다. 여자들이 즐기는 실뜨기 놀이를 하고 비단 주머니를 차고 다녔다. 왕은 어린 태자를 두고 운명했다. 어린 태자가 왕(혜공왕)이 되었다. 태후(만월부인)가 섭정을 했다. 천제의 예언대로 도적이 벌떼처럼 일어났다. 신라의 앞날은 어두워져 갔다. 그러다 왕은 재위 16년에 김양상과 김경신에게 시해된다. 표훈대사 이후로는 신라에 성인이 나지 않았다고 한다. 하늘의 명을 어겨서 그런 걸까?

혜공왕의 불운

신라 혜공왕(제36대, 765~780년)은 여자로 태어날 운명인데 남자로 태어난다. 아버지 경덕왕이 하늘의 명을 거역하고 얻은 아들이었다. 혜공왕의 불운은 태생에서 시작되었다. 여덟 살에 즉위하고 태후가 섭정했으니 나라가 정상으로 돌아갈 리가 없었다.

766년, 왕이 즉위한 이듬해다. 강주(진주) 관청의 동쪽 땅이 크게 가라앉아 연못으로 변했다. 처음엔 팔을 벌리고 드러누울 만한 크기였다. 잉어 대여섯 마리가 살면서 연못이 따라 커졌다. 그 이듬해엔 동쪽 누각의 남쪽에 머리가 항아리만 한 별똥별이 떨어졌다. 활활 타오르는 불덩어리의 충격에 천지가 진동했다. 금포현의 논에서는 쌀이 모두 이삭으로 매달리는 일이 생겼다. 칠월에는 북쪽 궁의 뜰에 별이 둘 떨어졌다. 별 하나가 더 떨어지고, 세 별 모두 땅속에 들어갔다. 대궐 북쪽 뒷간에선 두 줄기 연이 똥통에서 자랐다. 물이 없는 봉성사의 밭에서도 연꽃이 피어났다. 호랑이가 궁에 들어와 난리를 쳤다. 대공각간의 집 배나무엔 참새 떼가 끝없이 모여들었다. 나라가 어지러워 왕은 죄수를 풀어주고 자신을 돌아봤지만 마음대로 되지 않았다.

음력 7월 3일, 대공 각간이 반란을 일으켰다. 전국의 각간 아흔 여섯이 편을 나눠 싸웠다. 왕은 대공 각간을 사형시키고 그의 9족을 멸했다. 전 재산을 압수하고, 사량리와 모량리 등에 있던 값진 물건과 곡식도 왕궁으로 들였다. 죽임을 당한 자가 많아 몇 날 며칠 붉은 강물이 흘렀다. 반란은 석 달 만에 진압됐으나 왕은 반란의 마지막 날 신하의 칼에 숨을 거두었다. 왕의 나이 스물셋이었다.

지증왕 이후, 죽죽 뻗어가던 신라는 이때부터 혼란의 시기인 하대(下代)로 들어선다.

원성왕의 공과

김양상이 혜공왕을 시해하고 선덕왕(宣德王, 신라 제37대, 780~785년)이 된다. 함께 모반한 김경신은 이찬에서 김주원의 바로 아랫자리에 오른다. 같은 이벌찬으로 1관등에 속하나 요즘으로 치면 주원은 수석이요, 경신은 차석 급이다.

어느 날, 경신은 이상한 꿈을 꾼다. 복두 대신 흰 갓을 쓰고 가야금을 들고 천궁사 우물로 들어가는 거였다. 점을 쳐보니 복두를 벗은 것은 관직을 잃을 횡액수가 나왔다. 가야금을 든 것은 칼을 쓸 살생부요, 우물 속으로 들어간 건 옥에 갇힐 징조라고 했다. 경신은 겁이 나서 두문불출했다. 아찬 여삼이 찾아와서 근심을 묻기에 경신은 꿈 이야기를 해줬다. 그러자 여삼이 큰절을 했다. "왕이 된 다음에 자신을 버리지 않으신다면……" 하고 꿈 풀이를 했다. "복두를 벗은 것은 윗자리에 앉은 사람이 없다는 뜻이요, 흰 갓을 쓴 건 면류관을 쓸 운입니다. 열두 줄 가야금을 든 것은 12대손이 왕이 될 계시이고, 천궁사 우물에 들어간 것은 입궐할 상서로운 징조랍니다." 경신은 주원이 윗자리에 있어 그대로 되기 어려울 거라 했다. 여삼이 방서를 제시했다. "북천의 신께 제사를 올리시면 가능합니다." 경신이 "얼씨구!" 하며 그대로 따라 했다.

혜공왕이 급작스럽게 운명했기에 김주원이 왕이 될 차례였다. 때마침 홍수가 났다. 그의 집이 북쪽에 있었는데, 북천이 넘쳐 궁으로 갈 수가 없었다. 그 틈에 김경신이 궁궐에 들어가서 대신들 앞에 섰다. 왕은 하늘이 명하는 것이던가. 경신이 선덕왕을 이은 원성왕(제38대, 785~798년)이 되었다. 주원은 명주(강원도)로 귀양을 갔다. 원성왕은 이미 죽은 여삼을 대신해 그의 자손들에게 벼슬을 내렸다.

원성왕은 김양상과 반란하여 혜공왕을 시해한 인물이다. 왕자리를 빼앗고도 사후에 원성대왕 시호를 받은 걸 보면 정치는 잘한 것으로 보인다. 그는 삶의 궁하고 영예로운 이치를 담은 '신공사뇌가(身空詞腦歌)'를 짓기도 했다. 아버지인 효양 대각간이 만파식적을 전해주니 왕의 덕망이 멀리까지 빛났다.

원성왕릉(경주시 괘릉리)

다른 일화가 있다. 786년 음력 10월에 있은 일이다. 왜왕 문덕이 신라를 치려 했다. 신라에는 나라의 보물인 만파식적이 있다는 말을 들었다. 왜왕은 사신을 보내 그걸 매수하려 했다. 원성왕은 진평왕 때까지 있던 그 피리가 없어졌다고 잡아뗐다. 이듬해 7월에는 왜왕의 사신이 금 천 냥을 들고 와서 만파식적을 보기만 하고 돌려보내겠다고 했다. 원성왕은 이를 거절하고 되레 은 사천 냥을 쥐어줘 보냈다. 그리고는 만파식적을 내황전 깊이 간직했다.

원성왕은 죽어서 토함산 서쪽 동곡사(고려 때의 숭덕사)에 묻혔다. 경주에 있는 괘릉(掛陵)이 그의 능으로 알려져 있다.

때 이른 눈

808년이니 신라 애장왕(제40대, 800~809년) 때다. 한가위에 눈이 내렸다. 나라가 망할 징조라는 소문이 퍼져나갔다. 임금이 덕이 없어 하늘이 노했다는 것이다. 가을에 첫눈이 오니 좀 신기한가? 그런데 망할 징조라고 하니, 왕은 근심에 싸였다. 상서로워 보이는 하늘의 조화를 임금 탓으로 돌리는 건 무슨 꿍꿍이가 있는 게 틀림없었다.

애장왕은 괴담을 퍼뜨리는 자를 잡아들이라고 명령했다. 신하들이 말을 듣지 않았다. 열세 살 난 왕을 대신해 숙부(김언승)

이 권력을 휘둘렀으니 왕의 말은 씨알이 안 먹혔다. 신하들이 모두 김언승의 명령을 따랐다. 왕만 사방팔방 의심하여 날뛰었다. 왕은 맨날 민심을 탓했다. 배고픈 백성들은 하소연할 데가 없었다. 산으로 갈 수도 없고, 절로 들어갈 수도, 미쳐서 돌아다닐 수도 없었다.

어느 날 김언승이 애장왕을 모시고 청해진으로 나들이했다. 언승은 여염의 아리따운 여인을 왕의 품에 안겼다. 그는 왕이 부도덕하다는 증거를 만들 생각이었다. 나중에 이 여인이 한 사내아이를 낳았다. 그가 장보고의 형이라는 소문이 퍼졌다. 809년 7월, 때가 왔다. 김언승은 아우와 함께 애장왕을 시해하고 왕이 되었다. 그가 제41대, 헌덕왕(809~826년)이다.

봄날에 함박눈이 내렸다. 왕은 때늦은 눈이 불길하다고 소문내는 사람을 잡아들이라고 했다. 선왕 때 악소문을 퍼뜨린 다음 왕위를 무너뜨렸기에 자신에게 닥칠 위험을 경계하려는 의도였다. 전형적인 '내로남불'이었다. 왕에 대한 험담과 괴소문은 걷잡을 수 없었다. 나라 안팎에서 반란이 이어졌다. 819년 당나라에서는 이사도의 난이 일어났다. 헌덕왕이 이때 당나라를 도와서 난을 진압했다. 그해 신라에는 초적이 일어나니 민심마저 돌아섰다. 822년에 김헌창이 반란하고, 825년 그의 아들 범문이 반란했다. 반란들이 실패로 돌아갔으나 반란은 반란을 낳았다. 신라왕의 명운은 칼날 위에 선 박수와도 같았다.

그다음 홍덕왕, 희강왕, 민애왕, 신무왕을 거쳐 제46대 문성왕(839~857년)이 즉위한 음력 8월 어느 밤에 세상이 깜깜해졌다. 개기월식이었다. 그 후로 841년에 홍필의 반란, 846년에는 장보고의 난, 847년 이찬 양순과 파진찬 홍종의 난, 849년 이찬 김식과 이찬 대흔의 반란이 일어났다. 문성왕은 857년 숙부에게 왕위를 물리고 운명한다. 애장왕 대의 '때 이른 눈'으로 시작된 반란의 조짐은 하늘의 경고였다. 이를 알아차렸을 때는 이미 나라의 명운이 기운 뒤였다.

흥덕왕의 일편단심 사랑가

신라 제42대 홍덕왕은 826년에 즉위한다. 당나라에 다녀온 사신이 앵무새 한 쌍을 왕에게 바쳤다. 홍덕왕은 정성을 다해 앵무새를 키웠다. 그런데 얼마 안 가서 암컷이 시들시들 병이 들어 죽고 말았다. 홀로 남은 수컷은 몇 날을 슬피 울었다. 왕이 주는 먹이도 마다했다. 왕은 신하더러 홀로 외로워하는 앵무새 앞에 거울을 걸어놓게 했다. 수컷은 거울 속에 비친 제 모습을 짝으로 알았는지 거울을 쪼아댔다. 거울에 비친 모습이 제 모습이라는 것을 알고는 더욱 슬피 울었다. 울다가, 울다가 지쳐 죽었다. 왕은 이 앵무새를 위한 노래를 지었다고 한다. 기록이 전해지지 않아 알 길은 없다.

홍덕왕은 왕비에게 순정을 바친, 우리 왕사에서 보기 드문 임금이다. 왕비가 먼저 죽자 신하들이 새 장가를 들 것을 채근했다. 왕은 궁녀가 있는 근처에도 가지 않았다. '일편단심 민들레'였다. 그뿐만이 아니다. 왕비의 무덤 속에 당신의 시신을 합장해 줄 것을 명했다. 살았을 적에 지닌 목걸이를 능을 지키는 사자상에 걸어두고 왕비와 함께 묻혔다.

경주 안강에 있는 홍덕왕릉에 가 보면 안다. 왕의 영혼이 하늘로 쉬이 올라가라고 심은 도래솔의 그 구불구불한 풍광이 낭만적이다. 능을 지키는 사자상에 왕이 걸어두었다는 목걸이 펜던트 새김이 또렷하게 보인다. 왕비를 향한 홍덕왕의 순애보가 느껴진다.

사자상에 새겨진 목걸이(펜던트) 조각

당시엔 아라비아와 무역이 성행하여 페르시아 주단과 귀금속 장신구가 흔했다. 왕은 신하들의 호화로운 생활을 보다 못해 사치 금지령을 내렸다. 왕비가 누려야 할 호사를 신하들이 하니 시샘이 발동한 걸까. 아니, 사치와 무관한 백성들을 걱정해서일 터다. 하루하루 먹고살 백성들이 눈에 밟혔다. 한날, 당나라에서 녹차를 들여온다. 하동에다 씨를 뿌리고 길러 백성들이 허기를 면할 수 있도록 했다. 이러한 애민정신으로 미루어보아 '일편단심 민들레'는 흥덕왕다운 사랑법이라 하겠다.

흥덕왕릉(경주시 육통리)

염장 지른 장보고

신라 제45대 신무왕(839~839년)은 즉위하기 전에 궁파(장보고)에게 말한다. "나(김우징)에겐 둘도 없는 원수가 있소. 그를 없애준다면 내가 왕이 된 다음에 그대의 딸을 왕비로 삼으리다."

장보고는 김우징의 약속을 다짐받고 거사를 치르기로 했다. 군사를 일으켜 경주로 쳐들어가 민애왕(제44대 임금, 838~839년)을 시해했다. 김우징이 왕이 되었다. 왕은 약속대로 장보고의 딸을 비로 삼으려 했지만 곧 병들어 죽었다. 태자가 문성왕이 된다. 왕은 선왕의 약속을 이어받아 장보고의 딸을 왕비로 삼으려 하자 이번에는 신하들이 난리였다. "궁파는 미천한 사람입니다. 왕께서 그자의 딸을 왕비로 삼으려는 것은 올바른 처사가 아닙니다. 그자를 없애고 그의 딸을 궁녀로 삼으십시오." 문성왕은 그 말에 솔깃했다.

장보고는 약속이 지켜지지 않자 선왕에 대한 앙심을 품었다. 청해진에서 다시 반란을 일으키려 했다. 그걸 알아챈 장군 염장이 왕에게 아뢰었다. "궁파가 불충한 짓을 벌이려 합니다. 제가 제거하겠습니다." 염장은 왕의 명을 받아 청해진으로 갔다. 청해진에서 장보고의 군사를 통해 말을 전했다. "긴히 장군께

의탁하여 몸과 목숨을 보전하고 싶습니다." 장보고는 크게 화를 냈다. "너희들이 왕을 이간질하여 내 딸을 거부해놓고 무슨 낯짝으로 나를 보려는 것이냐?" 염장이 말했다. "다른 신하들이 한 것이지 저는 간여하지 않았습니다. 저를 의심하지 마십시오." 장보고는 그를 천막 안으로 불러들였다. "그대는 무슨 일로 이곳에 왔는가?" 염장이 말했다. "왕의 뜻을 거스른 일이 있습니다. 공의 부하가 되어 위험을 피할까 합니다." 장보고는 그를 받아들였다. "한잔합시다."

장보고는 술자리를 거나하게 마련했다. 둘은 주거니 받거니 말술을 불사했다. 장보고가 술에 취해 잠이 들었다. 염장이 장보고의 장검을 빼 들었다. 잠시 후, 장보고의 목이 바닥에 뒹굴었다. 반란을 꿈꾼 장보고를 단번에 제거한 염장. 거사를 바로 주저앉힐 수 있었던 데는 정년의 계략이 있었다. 정년은 그의 어릴 적 친구였다. 장보고는 어릴 때 몹시 왜소한 체격이었다. 덩치 크고 힘센 사람을 보면 두려워했다. 염장이 바로 그런 사람이었다. 죽마고우를 제거한 염장. 그가 청해진 군사들을 이끌고 와서 왕에게 아

장보고 영정
(전남 완도군 장보고기념관)

되었다.

"궁파의 목을 베어 왔습니다."

문성왕은 그 공을 치하하여 상을 내리고 염장에게 아간 벼슬을 주었다.

장보고 동상(전남 완도군 장좌리) *목포mbc 영상 캡처

'팬덤 정치'의 원조, 경문왕

김응렴은 열여덟 살에 대표화랑이 되었다. 헌안왕(신라 제47대, 857~861년)이 그를 궁궐에 불러 잔치를 베풀었다. 이때가 응렴의 나이 스무 살이었다. 왕은 그를 사위로 삼고 싶었다. 응렴

은 예쁜 둘째 공주가 마음에 들었다. 그런데 스승 범교사가 맏공주와 혼인하면 행운이 있을 거라고 했다. 응렴은 스승의 말씀대로 따라 했다. 맏공주와 혼인한 석 달 뒤, 헌안왕이 운명한다. 응렴은 제48대, 경문왕(861~875년)이 된다.

어느 날 왕의 귀가 당나귀처럼 길어져 있었다. 왕비와 궁인들조차 몰랐으나 복두장이는 알고 있었다. 그는 비밀을 발설하고 싶어 입이 근질근질했다. 말하지 않고는 견딜 수 없었다. 결국에 도림사 인근 대숲에서 소릴 질렀다.

"임금님 귀는 당나귀 귀!"

그 후로 바람이 불면 '임금님 귀는 당나귀 귀' 소리가 온 마을에 메아리쳤다. 왕은 대나무를 베고 산수유를 심게 했다.

자고 일어나니 헌안왕의 사위가 되고, 왕위까지 물려받은 경문왕은 행운아였다. 한편으로는 왕위를 정통으로 물려받지 않은 과정 때문에 몸을 사려야 했다. 그런 약점을 보완하려고 '코드'가 맞는 신하들하고만 어울렸다. 왕의 실정과 비리가 이어진 데 대한 야유도 심해졌다. 겸손하고 의로운 사람인 줄 알고 왕위를 물려주었으나 집권하고 보니 그게 아니었다. 개혁한답시고 전제 정치를 하고, 맏공주와 혼인하고선 거들떠보지도 않고 둘째 공주까지 왕비로 삼았다. 여염의 아낙에게서 아들을 낳고, 이를 은폐하려고 그를 죽이려 했다. 그가 궁에다. '임금님의 귀는 당나귀 귀' 외침은 허위의식을 거두라는 백성들의 소리였다. 그 뜻을 무시하고 대나무 숲을 베고 산수유 숲마저 베니 노래는 여염으로 퍼져갔다. 왕은 오래 버티지 못하고 몸져누웠다. 그리고 꿈속을 찾아온 저승사자의 손을 잡아야 했다.

처용랑과 망해사

신라는 헌강왕(제49대, 875~886년) 때 백성들의 살림살이가 그중 괜찮았다고 한다. 기와집이 즐비하여 담장이 서로 맞닿았고 초가는 찾아보기가 어려웠다. 날마다 거리에는 풍악이 울렸다.

어느 날 왕이 개운포에 나들이하고 돌아올 때였다. 홀연 안개가 끼었다. 날이 어두워지고 바람이 불어 행렬은 길을 헤매었다. 이를 괴이하게 여겨 왕이 일관[7]에게 물었다. 동해용의 조화이기에 좋게 풀어야 한다고 일관이 대답했다. 왕이 가까운 곳에 절을 짓도록 명령하니 구름과 안개가 걷혔다. 그때 동해용이 일곱 아들을 데리고 나타났다. 그리고는 왕의 덕을 칭송하고 악기를 연주하며 춤을 췄다. 그 아들 중 하나가 왕을 따라가 일을 도왔는데, 그가 바로 처용이다.

---

7 천문 관측과 점성술을 담당하는 관원.

왕은 처용을 혼인시키고 급간[8]에 임명했다. 처용의 처는 미인이었다. 역신[9]이 그녀를 흠모했다. 밤이 되면 사람으로 변해 몰래 들어가 동침했다. 처용이 놀다가 와 보니 둘이 엉켜 있었다. 그는 화를 누르고 노래하며, 춤을 췄다.

> 서라벌 밝은 달에 밤늦도록 노닐다가/ 들어와 자리를 보니 다리가 넷이어라/ 둘은 내 것인데 둘은 뉘 것인고/ 본래 내 것이다마는 앗겼으니 어찌하리

역신이 그 호방함에 놀라 처용 앞에서 무릎을 꿇었다. 그의 처가 탐이 나서 범했으나 화내지 않는 처용의 모습에 감동한 것이다. 그날부터 처용의 모습을 그린 그림만 보아도 그곳에 가지 않겠다고 맹세했다. 백성들은 처용의 그림을 대문마다 붙여놓고 사특함을 물리치는 방편으로 삼았다.

헌강왕은 동해용을 위해 절을 짓고 그 이름을 망해사라 했다. 하루는 포석정에 갔더니 남산신이 나타나 춤을 추었다. 산신의 모습이 왕의 눈에만 보였다. 왕도 덩달아서 춤추니 산신

8 공을 세운 이들의 희생을 위무하는 관원으로, 신라 17관등 중 9등급인 급벌찬에 속한다.

9 집집이 돌아다니며 천연두를 퍼뜨리는 마마. 처용가는 감염병의 존재와 위험성을 강조하기 위해 의인화한 노래(향가)다.

도 몸을 드러내고 춤추며 노래했다, '지리다도파도파(智理多都波都波)'를 읊으면서. 지혜로 나라를 다스리는 사람이 미리 내빼니 도읍이 파괴될 거라는 뜻이다. 산신과 지신이 장차 나라가 망할 것을 알았기에 춤을 춰서 경계한 것이다. 그런데도 관리들은 그것을 상서로운 조짐이라고 희희낙락했다. 이후 신라는 걷잡을 수 없이 쇠락한다.

'원행을묘정리의궤'의 처용무

진성여왕과 거타지

#1

신라 진성여왕(제51대, 887~897년) 때 나라가 어지러웠다. 어느 날, 괴이한 글이 길바닥에 던져진다. '나무망국 찰니나제 판니판니소판니 우우삼아간 부이사바하.' 나라가 발칵 뒤집힌다. '나무망국'은 머지않아 나라가 망한다는 뜻이다. '찰니나제'는 진성여왕을 가리키고, '판니판니소판니'는 소판 벼슬이 두 명이며, '우우삼아간'은 서너 명의 신하를, '부이사바하'는 임금이 미소년과 놀아남을 뜻하니 결국 나라가 망할 거라는 경구였다. 여왕은 범인으로 의심 가는 왕거인을 옥에 가두었다. 그는 학식이 깊은 데다 품성이 어질어서 여왕에게겐 눈엣가시였다. 억울하게 투옥된 심정을 시로 지었다. 이내 번개가 치고

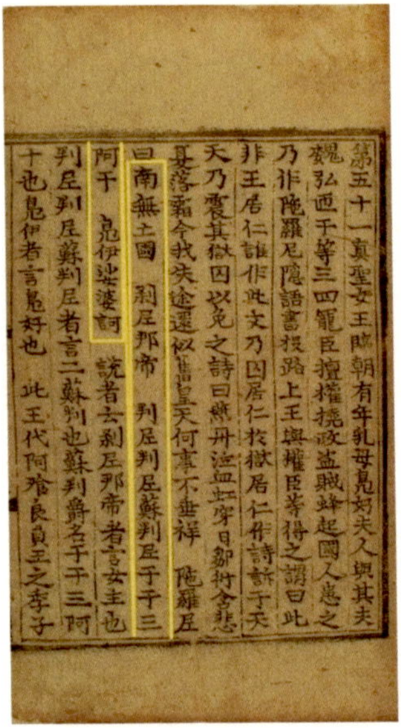
第五十一眞聖女王臨朝有年乳母鳧好夫人與其夫
魏弘匝干等三四寵臣擅權撓政盜賊蜂起國人患之
乃作陁羅尼隱語書投路上王與權臣等得之謂曰此
非王居仁誰作此文乃囚居仁於獄居仁作詩訴于天
天乃震其獄囚以免之詩曰燕丹泣血虹穿日鄒衍含悲
夏落霜今我失途還似舊皇天何事不垂祥　陁羅尼
曰南無亡國　刹尼那帝　判尼判尼蘇判尼于于三
阿干　鳧伊娑婆訶　說者云刹尼那帝者言女主也
判尼判尼蘇判尼者言二蘇判也蘇判爵名于于三阿
干也鳧伊者言鳧好也　此王代阿飡良貝王之季子

진성여왕 다라니 유포 사건의 자료
(삼국유사)

감옥이 부서졌다. 왕거인은 그 길로 탈옥을 했다. 여왕은 화가 났지만 천벌이 무서워서 어찌할 수가 없었다.

#2

여왕의 막내아들 양패공이 당나라에 가게 됐다. 해적들이 뱃길을 막고 노략질하기에 공은 활 잘 쏘는 군사들과 함께 떠났다. 곡도에 잠시 머무를 때였다. 풍랑이 거칠어 뱃길이 막힌 것이다. 열흘이 지나도 그대로였다. 섬에 있는 연못에다 제사를 지냈더니 파도가 잠잠해졌다. 그날 밤 공의 꿈에 한 노인이 나타났다. 노인이 활 잘 쏘는 사람 한 명을 섬에 남겨두라는 말을 했다. 거타지가 곡도에 남게 되었다, 일행은 당나라로 가고.

그때 서해용이 나타나 거타지에게 부탁을 했다. "해가 뜰 때 하늘에서 중이 내려와 내 아들딸의 창자와 간을 빼먹으니 그를 죽여 주시오."

거타지는 아침이 되길 기다렸다. 날이 밝자 중이 용의 아들딸에게 군침을 흘리고 있었다. 거타지는 활을 쐈다. 중이 여우로 변하더니 죽었다. 서해용이 다시 나타났다. 딸과 혼인해 달라며 딸을 꽃으로 만들어서 거타지의 품에 넣어주었다. 용 두 마리가 거타지를 호위해서 앞서간 양패공의 배까지 데려다주었다.

당 황제는 용의 호위를 보고 양패공 일행이 귀한 사신이라며 잔치를 열어주었다. 신라 사신들은 환대 속에서 금과 비단을 선물로 받았다. 거타지 덕분에 모두 무사히 신라로 돌아왔다. 거타지의 품에 있던 꽃이 여자로 변해 둘은 행복하게 살았다는 이야기다.

천첩이 낳은 효공왕

신라 효공왕(제52대, 897~912년)의 이름은 김요, 아버지는 제49대 헌강왕이다. 어느 날, 봉성사 바깥문 동서쪽 스물한 간에 까치들이 집을 짓는다. 까치가 세간에다 집을 짓다니, 불길한 징조였다. 왕에게 닥칠 불길함이란 반란이거나 병환이 아닌가? 건강한 왕이 갑자기 앓아누울 일은 없고, 그렇다면 혁명을 당한다는? 다음 임금인 신덕왕을 보면 안다. 왕의 성은 박 씨이다. 신라 초기 아달라왕에서 끝난 박 씨 왕실을 다시 이은 것이다. 효공왕이 역성혁명을 당한 인물이라는 말이다.

헌강왕이 여염의 천첩을 사랑하여 요를 낳았다. 얼마 후, 천첩은 살해당했다. 요는 나중에 효공왕이 된다. 다음 임금인 신덕왕이 역성혁명을 하지 않았다면 김 씨로 이어지던 왕가가 다시 박 씨로 된다는 게 이해되지 않는다. 앞뒤의 맥락을 짚는 수밖에 없다.

신라 왕조가 별 탈 없이 김 씨로 끝날 수도 있었다. 고려 왕실은 이를 두고 볼 수 없었을 것이다. 백성들의 절대적인 지지가 필요했고, 왕조의 정통성을 마련할 필요가 있었다. 혼란에 빠진 신라를 아울렀다고 하면 왕건이 역성혁명을 했다는 부정적인 이미지를 씻을 수 있으니까. 제53대 신덕왕부터 경명왕, 경애왕에 이르는 3대가 박 씨이다. 마지막 경순왕이 김 씨로 되돌아왔으니 역성혁명이 흔하다는 걸 보여주고 싶었을 게다. 김 씨인 세 왕을 고려 사가들이 박 씨로 기록한 게 아닐까, 하는 합리적인 의심이 든다는 말이다.

헌강왕이 여염집 여자와 놀아난 건 맞는다. 애장왕이 그렇게 장보고의 형을 낳았고. 나라가 도탄에 빠졌을 때도 왕들의 외도는 못 말렸으니까. 진성여왕에게 왕자가 없었으니 헌강왕의 천첩이 낳은 요도 왕이 될 수 있었고. 왕실의 권위는 추락하고, 호족들이 일어날 수 있었던 분위기였다.

늦봄에 서리가 내리고 그해 한여름엔 물난리가 났다. 참포[10]의 물이 동해물과 부딪쳐 파도가 스무 길이나 치솟더니 사흘 만에 그쳤다.

---

10 포항 홍해읍에 있는 곡강천 포구로 추정된다.

궁예가 연호를 고치면서 기운이 뻗치던 때였으니 온 나라가 뒤숭숭했다. 그해 초겨울에는 지진이 났는데, 땅 흔들리는 소리가 우레 같았다. 916년 가을에는 후백제의 견훤이 신라의 대야성을 치고 돌아간 다음이라 극도로 혼란스러웠다. 백성들은 효공왕을 원망했다. 살길이 막막한 데다 왕실을 하늘의 자손으로 받들던 때였으니, 임금 탓을 할 수밖에.

효공왕릉(경주시 배반동)

경명왕의 성씨는?

918년이니 신라 제54대 경명왕 즉위 2년째다. 사천왕사 벽에 그려진 개 그림이 짖어댔다. 솔거의 소나무 그림에 새가 부딪쳤다는 이야기는 있어도 개 그림이 짖었다는 말은 처음 듣는다. 얼마 후, 왕건이 철원에서 고려를 세웠다는 소문이 돌았다.

컹컹, 개 그림이 다시 짖었다. 이번에는 무슨 일이 생길지 경명왕은 긴장했다. 유언비어가 도니 좋지 못한 일이 생길 것 같았으니까. 왕은 괴담을 유포하는 악귀를 쫓으려고 신하들에게 부적을 붙이게 했다. 푸닥거리한다고 나도는 유언비어가 사라지지는 않는 법. 왕왕 견견, 왕견, 왕견……

…견왕, 견왕. 개 그림의 짖는 소리가 숫제 왕을 모욕하는 소리로 들린다. 신라 땅에서 견훤과 왕건이 싸우고 있었으니 왕의 귀에 왜곡된 소리가 들릴 만하다. 경명왕은 극도의 불안감에 시달렸다. 머잖아 왕건이 왕이 된다는 소문이 퍼졌다. 개 짖는 소리가 왕의 마지막을 예고하는 것 같기도 하고, 하늘 가자는 저승사자의 명 같기도 한. 가만있다간 큰일 날 것 같은 느낌이었다. 반역이나 모반이 일어날 거라는 소문도 들려오고, 왕건의 세력은 걷잡을 수 없이 커졌다. 헛소문을 퍼뜨린 자는 잡히지 않았다. 경명왕이 사천왕사를 들른 날이었다. 개 그림이

짖었다는, 그 무슨 해괴망측한 소리인지 왕은 확인하고 싶었다. 승려들이 한목소리로 개 그림이 목청껏 짖었다고 말을 했다. 안 믿을 수가 없었다.

여름엔 사천왕사 오방신상의 활줄이 끊어졌다. 신라의 미켈란젤로라 불리는 양지 스님이 만든 게 끊어지다니. 모든 게 무너질 판이었다. 2년 후 봄날에는 황룡사구층탑의 그림자가 금모사지의 뜰에 한 달간 거꾸로 비치는 일이 생겼다. 나라가 뒤집힐 징조였다. 왕건이 대세가 된 것이었다. 힘에 부친 경명왕은 결국 고려와 수교를 한다. 서쪽에선 견훤이 신라 땅을 야금

배리삼릉(경주시 배동). 아달라왕, 신덕왕, 경명왕이 앞(사진의 왼편)에서부터 차례로 묻혀있다.

야금 삼키면서 달려오고 있었다. 나라의 운명이 백척간두에 놓인 924년 왕의 목숨이 먼저 끊어진다. 경명왕은 조용히 배리삼릉[11]에 묻혔다.

경애왕의 슬픈 운명

924년 음력 2월 19일, 경애왕(신라 제55대, 924~927년)은 황룡사에서 백좌[12]를 열었다. 선승 300명을 초대하여 음식을 대접하고, 향을 피워 친히 불공을 드렸다. 신라 선불교의 시작이었다.

신라 말기의 왕들은 극심한 불안을 안고 살았다. 낮엔 누가 반역을 도모하지나 않는지 살펴가며 밤에는 궁녀들과 놀아났다. 왕은 침실을 드나드는 궁녀들도 조심했다. 행여 품에 칼을 숨겨올지 모르는 일이라 궁녀들은 알몸으로 왕의 침실까지 걸어갔다. 경애왕은 그 시작이 달랐다. 왕위에 오르자마자 첫 행보가 백좌를 여는 선행이었다.

---

11 경주 배동에 있는 사적 제219호. 신라 제8대 아달라왕, 제53대 신덕왕, 제54대 경명왕의 무덤 – 모두 박 씨왕들이다 – 이 한곳에 모여 있어 삼릉이라 부른다.

12 불교 경전을 강론하는 큰 법회.

만사가 처음처럼 이어지면 얼마나 좋을까. 권력을 거머쥐는 순간 백성을 위하겠다는 맹세는 끝나버리곤 한다. 나라가 위태로울 때 임금이 되었기에 왕은 불교에 의지했을 법하다. 견훤이 쳐들어온다는 첩보를 받은 왕은 고려 왕건에게 지원을 요청했다. 고려군은 제때에 오지 않았다. 월성(경주)에 당도한 견훤과 백제군이 궁을 접수하고 왕비를 욕보였다. 경애왕은 견훤의 강요로 자결하는 비극적인 최후를 맞는다.

포석정(경주시 배동)

경애왕릉에는 석상 하나 없다. 지금이야 몇 가지 장식도 있고 도래솔이 우거져도 신라의 왕릉 중에서 이보다 초라한 데는 없다. 말세의 왕이었기에 업적은 간데없고 인격마저 비하되었다. 견훤이 쳐들어온 날 궁녀들과 포석정에서 수작을 주고받았다니? 포석정은 제사를 모시는 곳이라 연회를 즐기는 데가 아니라는데. 왕비와 왕자, 천첩들이 수모를 당할 수 있는 상황에서 왕이 과연 그렇게 했을까?

경애왕릉(경주시 배동)

왕의 둥근 흙무덤을 보면 알지 못할 슬픔이 밀려온다. 경애왕은 온갖 악행과 비겁함의 대명사로 굳어졌다. 경순왕이 왕건에게 나라를 바치지 않고 신라 사직이 이어졌더라면 어땠을까? 순결과 자존심을 지킨 임금으로 남지 않았을까? 역사에서 가정법은 역시 부질없는 일이다.

경순왕의 선택

신라 제56대 경순왕(927~935년)은 견훤이 임명한 신라의 마지막 왕이다. 이종사촌 형인 경애왕의 죽음을 두 눈으로 본 산 증인이니 험한 꼴 보지 않으려면 충성하라는 뜻으로 임명한 것이다. 그런데 경순왕은 되레 왕건을 믿고 따랐다. 견훤은 살인마요, 왕건은 보살과도 같았으니.

경순왕 영정 *문화재청

선왕(경애왕)의 장례를 치르는 동안 왕건은 신하들에게 경순왕을 조문하도록 했다. 자신은 이듬해 봄에 왔다. 경순왕은 왕건 일행을 맞아 안압지에서 연회를 베풀었다. 술이 한 순배 돌자 왕건이 위로의 말을 건넸다. "조문이 늦어서 면목이 없습니다. 씨앗이 싹트고 슬픔이 봄꽃처럼 환해질 때라 이제 왔습니다. 고려는 신라의 동반자입니다. 언젠가 힘을 합쳐 찬란한 천년 사직을 새롭게 엮어 봅시다. 신라와 고려의 왕이 마주한 이 기쁜 봄날에 통일의 싹을 틔웁시다. 대왕께선 과인의 맏딸(낙랑공주)과 혼인해주시길 간청합니다. 부디 고려의 정승이 되시어 경주 땅을 예전대로 다스리시길……."

이 물밑협정은 신라의 백기 투항을 의미했다. 신라 백성들도 견훤보다 왕건을 따르니 경순왕에게 이보다 좋은 조건은 없었다. 왕건은 손에 피 한 방울 묻히지 않고 신라의 천년 사직을 품에 넣을 기회였다. 왕건은 귀국해서도 경순왕에게 사신을 보내 온갖 예물을 건넸다. 어려울 때 따뜻한 마음을 보여줌으로써 신라 백성들의 환심을 산 것이다. 그 뒤로도 나랏일에 관해 조언하니 경순왕의 마음은 이미 정해졌다.

"소자는 무릎 꿇지 않겠습니다. 나라의 흥망은 하늘의 뜻인데 어찌 사직을 왕건에게 바칩니까?" 신라의 항복을 반대하고 나선 마의태자. 태자는 경순왕의 설득을 끝내 거절했다. 이내 머리를 깎고 금강산으로 들어갔다.

구형왕(금관가야 제10대, 521~532년)이 신라 법흥왕에게 나라를 바쳤듯, 경순왕은 왕건에게 신라를 바친 것이다. 견훤의 꼭두각시에서 벗어나 나라를 되살린다는 명분을 얻은 왕은 그 뒤로 고려의 귀족이 되었다. 고려는 후백제를 아우르고 새로운 통일국가를 이루었다.

경순왕릉(경기 연천군 고랑포리) *문화재청

남부여와 전백제

우태는 소서노의 남편이었다. 우태가 죽자 소서노는 고주몽과 결혼한다. 주몽에겐 친자가 둘 있었다. 동부여에서 낳은 유리와, 졸본부여(고구려의 전신)에서 소서노와 낳은 것으로 추정되는 온조다. 비류는 소서노가 고주몽과 만나기 전, 우태와 낳은 둘째 아들이다.

한 나라의 시조는 자신의 근원인 아버지를 부정해야 성립한다. '해의 모습'을 자칭한 북부여의 해모수가 그랬다. 주몽은 동부여의 금와왕의 아들임에도 해모수를 아버지로 삼았다. 하늘(태양신)의 혈통이라야 천부적인 권위가 성립하는 까닭이다. 생부가 인간의 아버지라면 나라를 처음 여는 '조국(肇國)'의 영웅으로는 미달이다. 백제의 시조인 온조왕도 그랬다.

온조왕의 친부는 주몽이다. 주몽은 동부여에서 난리를 피해 졸본부여에 왔다. 졸본부여의 왕은 딸이 셋 있었다. 주몽이 범상치 않은 사람임을 알고 둘째 딸과 혼인시켰다. 왕이 죽자 주몽이 왕위는 이어받고 나라는 새로 세운다. 고구려다. 나중에 유리가 동부여에서 고구려로 건너온다. 장자, 유리가 오자 태자 자리를 앗긴 비류와 온조는 신하들과 남쪽으로 내려와야 했다. 소서노가 신하들을 이끌고 왔다는 설도 있다. 어쨌거나 동부여 백성들이 따라 내려왔다. 그들은 한산에 이르러 살 만한 곳을 찾았다. 비류는 온조가 터를 잡은 그곳이 마음에 들지 않아 바닷가로 나아갔다. 온조의 신하 열 명은 하남이 좋다고 했다. 북으로 한수(한강)가 흐르고 동으로는 산이, 남으로 기름진 못을 바라보고 멀리 서쪽으로는 바다가 있어 살기에 좋았다. 비류는 저를 따르는 무리를 이끌고 미추홀(인천)로 갔다. 우물을 파니 짜디짠 바닷물이 나왔다. 물이 시원찮아 미추홀에서는 살 수가 없었다.

온조는 하남위례성에다 도읍을 정했다. 열 명의 신하가 보필했기에 나라의 이름을 십제(十濟)라 했다. 비류가 위례성에 돌아와 보니 다들 사는 형편이 괜찮았다. 미추홀로 간 자신을 후회하고는 마침내 죽는다. 비류의 신하와 백성들도 대부분 위례성으로 돌아왔다. 백성들이 위례성으로 올 때 기뻐했다고 온조가 나라 이름을 백제로 고쳤다. 백제는 고구려와 마찬가지로

부소산 낙화암(충남 부여군 쌍북리) *부여군

부여에서 나온 한 뿌리인지라 왕의 성을 부여 씨로 삼았다. 이는 북부여의 해 씨, 고구려의 고 씨와 함께, 천손을 상징하는 같은 뿌리에서 나온 성씨이다. 백제 제26대 성왕(523~554년) 때 도읍을 사비성으로 옮기고 나라 이름을 남부여라 한다.

서동요의 무왕과 선화공주

백제 제30대 무왕(600~641년)의 어릴 적 이름은 서동이다. 서동의 어머니는 부여의 남쪽 연못가에서 살았다. 어느 날 용과 정을 통해 서동을 낳았다. 용이 임금을 뜻한다면 서동은 제29대 임금인 법왕의 혼외 아들이 된다. 서동은 머리가 좋고 용기가 남달랐다. 마를 캐서 파는 장사꾼으로 홀어머니를 모시고 살았다. 당시에 신라 진평왕(제26대, 579~632년)의 셋째 딸인 선화공주가 예쁘다는 소문이 났다. 서동이 봇짐을 메고 월성으로 간다. 그리고는 동네 아이들을 꾀어 노래를 부르게 했다.

"선화 공주님은 / 남모르게 그거 해서 / 서동이를 / 밤에 몰래 안고 간다"

향가의 하나인 서동요다. '그거 했다'라는 소문을 들은 진평왕은 공주를 궁궐에서 쫓아냈다, 왕비는 순금 한 말을 여비로

궁남지(충남 부여군 동남리)의 겨울
(무왕과 선화공주가 사랑을 나눈 연못. 우리나라 최초의 인공연못이다) *부여군

보냈다. 공주가 유배 가는 길에 서동이 나타났다. 그가 어찌나 멋진지 되레 공주가 홀딱 반했다. 둘은 길 가던 중 숲속에서 정을 통했다. 공주는 노래대로 되어가는 현실에 깜짝 놀랐다. 사랑은 우연을 가장한 필연이니까.

둘은 백제로 갔다. 공주가 어머니가 준 순금을 팔아 살림에 보태려 하자 서동이 말했다. "마를 캐는 산에 그런 '똥돌(황금)'이 깔려 있다." 그러자 공주가 그 금을 친정에 보내고 싶다 했다. 금은 천지인데 신라까지 옮길 방법이 문제였다. 지명 법사가 이 사실을 알고 신통력을 썼다. 금덩어리들을 하룻밤에 신라로 보낸 것이다. 황금을 받은 진평왕은 언제 딸을 쫓아냈냐는 듯, 편지를 써서 공주의 안부를 물었다. 서동은 그 후 인심을 얻어 백제의 임금(무왕)이 되었다.

무왕이 큰 연못가로 행차를 했다. 왕비가 거기다가 절을 세우자고 했다. 지명 법사가 이번에는 신통력으로 산을 깎아 못을 메웠다. 그곳에 미륵사를 지었다. 진평왕이 기술자를 파견하여 절 공사를 도왔다.

그런데 무왕의 비는 선화공주가 아니라 사택적덕[13]의 딸이라고 밝혀졌다. 유물의 고증을 통해서다. 삼국유사의 기록을 변호하려면 상상력이 필요하게 되었다. 미륵사가 들어서기 전에 선화 공주는 죽고, 사택적덕의 딸이 차비였을 가능성 말이다. 그것도 아니라면 서동 설화는 신라가 백제를 아우르려고 전략적으로 꾸민 이야기일 수도 있겠다. 설화가 사실에 부합해야 할 의무는 없는 것이므로.

---

13 2009년 1월 14일 미륵사 서석탑 심주석 사리공 안에 안치된 금제사리봉안기를 발견하였다. 그 기록에 사택적덕의 딸이 무왕의 비라는 내용이 적혀 있다. 미륵사탑을 세울 당시 무왕의 비가 선화 공주는 아니라는 증거이다. 서동요가 허구적인 설화라는 추정도 가능하다.

익산 미륵사지 복원석탑(전북 익산시 기양리)

익산 미륵사지 서탑의 금동사리호와 사리봉안기 *국립문화재연구소

후백제의 견훤

견훤은 상주 사람이다. 성은 이 씨였으나 나중에 견 씨로 고쳤다. 아버지는 아자개로, 농사꾼에서 장군이 된 사람이다.

견훤의 어머니가 결혼 전에 있었던 일이다. 한 사내가 밤마다 방에 들어와 자고 갔다. 그 사실을 아버지한테 말했다. 아버지가 말했다.

"긴 실을 바늘에 꿰어 사내의 옷에다 꽂아둬라."

딸은 시키는 대로 했다. 사내가 자고 간 다음 날 실을 따라 가보니 꺼깽이(지렁이)의 몸에 바늘이 꽂혀 있었다. 사내는 지렁이였다. 지렁이가 변신한 사내와 정을 통하고 난 아이가 견훤이다. '꺼깽이'는 우리 땅에 산다. 견훤이 '토착 세력'이라는 뜻이다.

아기 견훤이 강보에 싸여 있을 때였다. 어머니가 밭일하는 아버지를 위해 밥을 차려가던 중에 잠시 아기를 숲에다 내려놓았다. 그때 호랑이가 와서 아기에게 젖을 먹였다. 호랑이가 제 새낀 줄 알 정도였으니 견훤의 기운이 범상치가 않다는 암시다. 청년 때는 창끝을 베고 잘 정도로 거칠 것이 없었다. 견훤은 장군이 되었다. 진성여왕 때였다. 나라의 기강이 문란해지고 기근이 겹쳐 민심이 사나웠다. 그 틈에 견훤은 후백제(900~936

년)를 세우고 왕이 되었다. 경주 인근을 휘젓고 다니며 한 달에 군사 5천 명을 모았다. 민심을 업은 견훤이 의기양양하게 소리쳤다.

"김유신과 소정방이 나당연합군으로 백제를 멸망시켰다. 백제 건국 육백여 년 만의 일이다. 내 어찌 이 울분을 씻지 않겠는가!"

경애왕(924~927년) 때엔 신라의 운명이 백척간두에 서고, 도적들이 고슴도치 털처럼 일어났다. 그 가운데 가장 센 자가 궁예와 견훤이었다. 견훤은 신라에서 나서 나라의 녹을 먹으면서 후백제를 세운 것이다. 대야성 전투에서 신라군을 대파하고, 내친김에 궁으로 진입했다. 호기롭게 경애왕과 왕비와, 관리와 군사들을 죽였다.

견훤은 처가 많았다. 아들은 열댓이나 됐다. 그중 넷째 아들 금강을 유달리 아꼈다. 왕위를 금강에게 물려주려 하자 그의 형 신검, 양검, 용검이 들고 일어났다. 어느 해 봄, 신검이 견훤을 금산사에 가두고는 금강을 죽였다. 935년의 일이었다.

가엾은 완산 아이가 / 아비를 잃고 눈물 흘리네.

그때 불린 노래다. 한 달 후 견훤이 감옥에서 도망 나와 왕건에게 투항했다. 고려 군사들이 신검이 이끄는 후백제를 격파했다. 견훤은 등창이 도져 풍운의 꿈을 이루지 못하고 운명했다. 견훤은 악명 높은 군주로 역사에 남았다. 패권 다툼에서 왕건에게 진 데다 자식에게 재앙을 입었으니 비운을 탓할 처지가 못 되었다.

견훤 영정 *전주시

가락국기

1. 김수로왕의 탄생

이곳에는 아직 나라가 없었다. 임금이라는 호칭도 없고, 신하들을 부르는 통일된 이름도 없었다. 아도간, 여도간, 피도간, 오도간, 유수간, 유천간, 신천간, 오천간, 신귀간이라는 구간(九干, 부족장)이 부락을 다스리고 있었다. 부락을 모두 합하면 사람 수가 7만 5천 명쯤 되었다.

42년 춘삼월에 생긴 일이다. 북쪽 산봉우리에서 누군가를 부르는 소리가 났다. "여기 사람이 있느냐?" 이삼백 명이 그 소리를 들었다. 사람의 음성 같기는 해도 누군지 모르겠는 거였다. 구간이 대답했다. "우리가 있습니다." 다시 소리가 들려왔다. "내가 있는 곳이 어디냐?" 사람들이 대답했다. "구지봉입니다." 허공에서 또다시 소리가 들려왔다.

"하늘이 나더러 이곳에다 나라를 세우고 임금이 되라 하셨다. 너흰 산봉우리의 흙을 파면서 이렇게 노래해라. 거북아, 거북아, 머리를 내놓아라. 만일 내놓지 않으면 구워 먹겠다. 어서 노래를 부르며 춤을 춰라. 그러면 대왕을 맞이할 것이다."

구간은 하늘의 명령대로 노래하며 춤을 추었다. 그리고 하늘을 우러렀다. 쏟아지는 빛줄기 속에 허공에 자줏빛 줄이 드리워져 있었다. 땅에 닿은 그 끝을 보니 금으로 만든 함이 붉은 보자기에 싸여 있었다. 함에는 해처럼 둥근 황금알 여섯 개가 있었다. 모두 놀라고 기뻐서 백 번씩 절을 했다. 함을 아도간의 집에 두고 각기 흩어졌다. 다음 날 아침에 함을 열

구지봉 정상 석주(김해시 삼계동)
*문화재청

었다. 어린아이 여섯이 알을 깨고 나왔다. 구간은 이들을 평상 위에 앉혔다. 사람들이 하례하면서 극진히 공경했다.

열흘이 지났다. 알에서 나온 이들의 키가 9척에다 모두 용안이었다. 그들은 천손이었다. 그중 김수로는 보름날에 왕이 되었다. 나라의 이름을 가락국(가야)이라 지었다. 다섯 이는 5가야의 왕이 되었다. 가야 왕국은 동쪽이 황산강, 서남쪽이 창해, 서북쪽이 지리산, 동북쪽이 가야산, 남쪽은 바다에 접해 있었다. 수로는 질박하고 검소한 성품을 지닌 걸출한 인물이었다. 그리고 검소한 성품이었다. 지붕에 이은 이엉을 자르지 않고 흙으로 쌓은, 계단이 겨우 3척인 대궐을 지었다. 장정과 일꾼들

구지봉 정상 남방식 지석묘(김해시 삼계동) *문화재청

이 그해 가을에 성을 쌓아 44년 봄에 완성한 것이다. 수로왕이 이 소박한 대궐에서 나랏일을 했다. 고대 4국 중에 가장 늦은, 가야 왕국이 시작되었다.

2. 인도에서 온 왕후

48년이었다. 구간이 수로왕에게 아뢰었다. "대왕, 장가드셔야지요? 저희 딸들 가운데서 가장 예쁜이를 골라 배필로 삼으소서." 대왕이 말했다. "내가 여기에 온 건 하늘의 명이라오. 배필을 맞이하는 것도 그분의 뜻에 따를 테니 염려 마시오."

망산도 전경(창원시 진해구 용원동)

어느 날, 왕은 유천간에게 명했다. "말과 배를 준비해서 망산도에서 기다리시오. 신귀간은 승점으로 가시오."

마침 남해의 서쪽에서 돛단배가 붉은 깃발을 휘날리며 다가왔다. 유천간이 횃불을 올렸다. 배에서 아유타국 사람들이 육지로 내려왔다. 신귀간이 대왕께 그 사실을 아뢰었다. 대왕은 기쁜 나머지 아유타국 공주를 대궐로 모시려 했다. 공주가 유천간에게 말했다.

"제가 여러분을 모르는데 어찌 함부로 따라가겠습니까?"

유천간이 공주의 말을 전했다. 수로왕은 그 행실이 맘에 들어 기꺼이 대궐 서남쪽 산기슭으로 행차했다. 장막으로 임시궁전을 만들어 공주를 기다렸다. 공주는 별포 나루터에 내려 언덕에서 쉬었다. 비단 바지를 벗어 산신령에게 폐백으로 바쳤다. 아유타국 신하들이 노비 20여 명과 옷가지와 패물들을 갖고 대왕에게 갔다. 대왕은 친히 공주를 맞아 장막 궁전으로 들었다. 아유타국 신하들에게는 방을 하나씩 배정했다. 노비들은 한 방에 대여섯씩 머물렀다. 대왕이 침소에 들자 공주가 신분을 밝혔다.

"저는 아유타국에서 온 공주입니다. 성은 허 씨, 이름은 황옥, 나이는 열여섯이어요. 부왕과 모후께서 한날한시에 똑같은 꿈을 꾸셨대요. 하느님이 수로를 보내 가야국의 대왕이 되게 했노라. 그는 성스러운 이야. 각 나라를 다스리는 대왕인데도 배필을 정하지 못했으니 자네의 딸을 시집보내라. 꿈을 깬 뒤에도 그 말이 귓가에 남은 지라, 부모님은 저와 작별을 서두르셨습니다. 저는 동쪽을 향해 폭풍우를 무릅쓰고 바닷길을 헤쳐 온 거랍니다. 그래서 대왕님의 곁에 이렇게…….”

대왕이 허황옥에게 고백했다. “공주께서 멀리서 올 걸 미리 알고 있었소이다. 오늘이 있으려고, 장가들라는 신하들의 거듭된 청을 물리쳤다오. 이렇게 현숙한 공주와 백년가약을 맺는다니 ‘심쿵’하오. 그대를 사랑하오.”

왕과 왕후는 장막에서 무박 사흘을 보냈다. 그해 왕후는 곰

망산도기념비(창원시 진해구 용원동)

을 안는 꿈을 꾸고, 첫울음이 우렁찬 태자를 낳았다.

3. 사랑이 끝나고 나면

국경을 넘은 사랑도 잠시, 허황옥 왕후가 먼저 운명한다. 서기 189년 봄, 왕후의 나이 157세였다. 이렇게 긴 수명이라니 믿긴 어렵지만 아니라고 달리 증명할 길이 없다. 단군왕검은 1908년을 살았고, 청나라의 이청운 옹은 256세를 살았다고 하니, 그러려니 할밖에.

가야 백성들은 땅이 꺼진 듯 슬퍼하여 구지봉 동북 언덕에다

수로왕비릉(김해시 구산동)

허왕후를 장사지냈다. 그리고 왕후가 배에서 내린 도두촌을 주포촌이라 불렀다. 비단바지를 벗어 산신령에게 폐백을 올린 언덕을 능현, 붉은 기가 들어온 바닷가를 기출변이라 했다. 아유타국에서 온 신보와 조광은 각각 두 딸을 낳곤 12년 뒤에 세상을 떴다. 노비들은 자식을 낳지 못하고 고향을 그리워하다가 죽었고.

수로 대왕은 밤마다 베개를 품고 외로움을 달래야 했다. 왕후가 떠난 지 10년이 지난 199년 봄에 운명하시니 나이가 158세였다. 대왕은 살았을 적엔 왕후보다 아홉 살 적었으니 7세에 혼인을 한 것이다. 백성들은 마치 부모를 잃은 듯 왕후가 죽은 때보다 더 슬퍼했다. 대궐 동북쪽에다 대왕을 장사지내고 수릉왕묘라 불렀다.

이후로 수로왕을 기리는 놀이가 생겨났다. 음력 7월 29일이면 마을 사람들과 서리, 군졸들이 승점에 가서 장막을 치고 술과 음식을 나누면서 놀았다. 서로 동서쪽으로 눈짓하면 좌우의 인부들이 망산도에서 육지를 향해 말을 달린다. 물위에서는 뱃머리를 밀면서 다투어 달리는 시합도 있다. 왕후가 가야에 처음 올 때 유천간과 신귀간이 말을 달려 수로왕께 아뢴 당시를 재현하는 놀이다.

2015년 봄부터 부산 광복로에서는 '허왕후 신행길 축제'를 연다. 옛적 왕과 왕후가 말이 통하지 않았듯 시민들이 서로 말하지 않고 소통하는 보디랭귀지도 한다. 파도를 상징하는 매트 위에서 풍파를 견디는 시합도 있다. 왕후가 아유타국에서 가져온 파사석탑과 닮은 탑을 시민들이 쌓아보는 이벤트도 한다. 지나간 역사도 기념하면 현재가 되는 까닭이다.

수로왕릉(김해시 서상동)

4. 가야 왕들의 자취

태초에 천지가 열려 비로소 이 땅에 인륜이 생긴다. 이 땅에는 임금이 없고, 부족을 이끄는 아홉 간이 있었다. 나라도 없이 누가 백성들을 보살피겠는가. 보다 못한 천제가 구지봉 마루에 현신한다. 안개가 천제를 에워싼다. 사람들이 가보니 천제의 형상은 없고 목소리만 들려왔다. 함께 노래를 불러 한자리에 모였음을 아뢰었다. 춤을 추면서 하늘의 메시지를 기다린 것이다.

칠 일이 지났다. 바람이 불고 구름이 걷히더니 창공에서 여섯 개의 함이 달린 끈이 내려왔다. 한 함은 자줏빛 끈에 매달려 있었다. 구경하는 사람들이 줄을 잇고, 그 광경을 사람들이 지켜보는 가운데 다섯 함은 각 고을로 돌아갔다. 한 함은 성에 남았고 그곳에 든 알을 깨고 수로가 나왔다. 수로가 왕이 되자 세상이 환해진다. 궁전은 옛 법을 따라 소박하게 지었다. 흙으로 만든 계단은 넓고 평평했다. 왕은 사리사욕에 매이지 않고 통 큰 정치를 했다. 기울지도 치우치지도 않고 백성을 헤아리는 마음으로 나라를 이끌었다. 서로 마주치면 길을 양보하고, 농사지을 때는 밭을 양보하는 미덕으로 백성들은 태평성대를 누릴 수 있었다.

어느덧 오백 년이 지났다. 풀잎 이슬처럼 그 좋은 시절을 보전하지 못하고 천지의 기운이 변한 것이다. 왕후와 대왕의 운명으로 조정과 백성들이 함께 슬퍼했다. 금과 같은 왕들의 발자취요, 옥과 같이 떨친 그 이름들만 남았다. 후손들이 이어가며 제사를 모셔 수로왕의 음덕을 기렸다. 세월은 가도 규범은 기울어지지 않았다.

가야 왕릉(경북 고령 지산동고분군) *문화재청

가야는 금관가야가 5가야를 거느리는 제국의 형태였다. 신라에 복속된 후론 그 자취마저 사라질 뻔했다. 가야의 흥망성쇠는 왕들의 연대기에 겨우 나온다. 수로왕, 거등왕, 마품왕, 거질미왕, 이시품왕, 좌지왕, 취희왕, 질지왕, 겸지왕으로 이어져 왔다. 제10대 구형왕 때 신라 법흥왕에게 항복한다. 520년 만에 가야 왕국의 운명이 끝났다. 왕들의 업적도 명문(銘文)으로 전해올 뿐, 자세한 내막은 알지 못한다.

가야 왕릉(김해 대성동 고분군) *문화재청

구형왕릉(경남 산청군 화계리) *문화재청

3부

믿음,
그 염원의 힘

3부

믿음, 그 염원의 힘

불교가 온다

372년, 한반도에 처음으로 불교가 전해진다. 고구려 소수림왕(제17대, 371~384년) 때다. 전진(前秦)의 승려 순도가 불상과 경전을 싣고 온 것이다. 374년에는 아도가 동진(東晉)에서 온다. 이듬해 봄에 순도가 초문사를, 아도는 이불란사를 세운다. 당시 고구려인들은 무덤을 집 안에 두고 살았다. 개가 조상신이 있는 붉은 산으로 사람의 영혼을 데려다준다고 믿었다. 어떤 이들은 말이 태워준다고 했다. 사람의 영혼은 개나 말을 타고 조상한테 가는 거라고.

고구려 사람들에게 불교는 낯선 세계였다. '사람이 죽으면 어디로 가지 않는다. 인생은 가고 옴이 없고, 나고 죽는 것도 따로 없다. 사람의 영혼은 말이나 개가 태워주지 않으며 죽으면 육신은 흩어지고 영혼은 사라지니 무덤도 소용없다.' 사람들의 사생관이 흔들릴 때라 불교의 방편(方便)[1]들이 힘을 얻었다. '열심히 살면 죽어서 서방정토에 태어난다. 죽은 사람이 다시 태어날 땐 다른 몸을 받아 세상에 나온다. 그가 이승에서 뭘 했는지는 알 수 없고 지은 복덕과 업보대로 태어난다.'고 했으니. 잦은 전쟁에 시달리던 백성들에게 불교의 경구는 위안이었다.

소수림왕이 불교를 받아들인 데는 다른 목적이 있었다. 아버지 고국원왕(고구려 제16대, 331~371년)을 살해한 근초고왕(백제 제13대, 346~375년)이 원수였다. 참수된 아버지의 머리가 장대 높이 걸리는 걸 목격했으니. 복수하려면 강국인 진나라와 친할 필요가 있었다. 불교를 받아들여야 했다. 이래라저래라 참견하는 귀족들의 기세도 눌러야 했고. 법의 수레바퀴를 돌리는 전지전능한 전륜성왕의 이미지를 업으려면 백성들의 호응이 필요했다. 불교를 믿으면 나라도 잘살 거라 판단했을 것이다. 절을 지으면 백성들이 집과 땅을 시주할 테고, 세금이 더 걷힐 테니.

가뭄이 이어졌다. 백성이 굶고, 오랑캐들에게 북쪽 땅을 빼

1 중생 교화의 다양한 방법을 가리키는 불교 용어. 그때그때의 형편에 따라 일을 쉽고 편하게 치를 수 있는 수단과 방법을 뜻한다.

앗기자 사태는 걷잡을 수 없었다. 전륜성왕이 되려던 왕의 노력이 물거품이 된 것이다.

고구려에 불교를 전한 순도 법사를 기리는 노래는 그 후로도 오랫동안 불리었다.

> 압록강의 봄이 깊어/ 물가에 풀 곱게 자라고/ 흰 모래밭에 갈매기들/ 한가로이 조는데/ 멀리서 들려오는 노 젓는 소리/ 곤한 잠을 깨어보니/ 어디서 온 고깃배인지/ 손님을 싣고 오누나.

마라난타

384년, 백제 침류왕(제15대, 384~385년)이 즉위한 해다. 마라난타가 불교를 전하러 동진에서 백제 아무포[2]로 온다. 왕은 그를 궁중으로 맞아들여 공경을 표시했다. 이듬해에 새 도읍지인 한산주에 절을 세우고 승려 열 사람을 두었다. 백제 불교 시작이다.

마라난타는 아미타여래상과 경전을 배에 싣고 왔다. 간다라 출신인 그의 첫인상은 무척 낯설었다. 장삼을 입은 장대 같은

2 영광 굴비로 유명한 지금의 법성포.

키, 용의 눈을 꿴 것같이 빛나는 염주, 드맑은 소리가 나는 목탁, 손등 발등에 난 북슬북슬한 털, 구슬같이 푸른 눈, 오뚝한 콧날, 빛나는 민머리에 잘생긴 뒷골, 알아들을 수 없는 말…….

침류왕은 즉위 9개월이 되었을 때 운명하고 사촌 동생인 진사왕(제16대, 385년~392년)이 즉위한다. 왕이 선왕을 죽였다는 소문이 나돌았다. 당시 백제는 북으로는 고구려, 동으로는 가야와 긴장 관계였다. 상중에 고구려가 쳐들어올 염려도 있었다. 백성들의 마음을 모으려면 왕실이 불교를 퍼뜨려야 했다. 왕은 마라난타에게 도움을 청했다. 마라난타는 왕의 깊은 근심을 읽어냈다. "대웅전의 아미타여래가 임금을 지켜주십네다. 나라도 지켜주고 밥도 주십네다. 누구든 절에 오십세요. 몸을 살리는 밥은 먹으면서 마음에 밥 짓는 법은 모르기에 절이 있습네다. 마음 밥을 잘 지으면 극락에 갑네다. 백성의 마음자리가 바르면 나라가 반듯해집네다." 진사왕이 물었다. "마음을 다스리면 뭐가 되는지요?" 마라난타가 대답했다. "부처가 됩네다. 관세음보살을 읊으십세요. 나무아미타불 관세음보살……."

여기저기 관세음보살을 음송하는 소리가 흘러나왔다. 불교가 널리 퍼졌다. 마라난타는 교리나 사상보다 술법과 행동으로 불교를 전했다. 진사왕은 마라난타의 행적을 드높이면서 동진과 친교를 확대했다. 392년에 아신왕(제17대, 392년~405년)이 즉위했다. 아신왕은 이듬해 초봄에 백성들에게 불교를 믿어 복을 구하라는 영을 내린다.

노래하고 춤추면서 불법을 편 마라난타. 그의 행적은 풀수록 채워지는 이야기보따리다.

영광군 법성면 *전라남도

아도와 묵호자

신라 제19대 눌지왕(417~458년) 때 묵호자가 고구려에서 일선군(지금의 구미)에 온다. 모례가 집에 굴을 파서 그를 머물게 했다. 마침 위독한 왕녀를 묵호자가 축원하여 병이 나았는데, 왕의 사례를 받고 묵호자는 사라졌다. 사람들이 불교를 샷되게 여긴 때라 급히 몸을 숨긴 것이다.

모례의 집터에 있는 우물(구미시 도개리)

제21대 비처왕(479~500년) 때다. 아도가 시자 셋을 데리고 모례의 집에 온다. 생김새는 묵호자와 같았다고 한다. 나중에 아도가 죽고, 시자들은 경률(經律)[3]을 강독했다. 그러자 아도와 묵호자가 한사람이라는 소문이 퍼지기 시작했다.

아도는 고구려에서 태어났다. 고도령(어머니)이 조위(曹魏)[4]의 사신으로 온 아굴마와 잤다. 얼마 후 태기가 있고, 아도가 태어났다. 아도는 다섯 살에 출가했다. 16세에 위나라에 가서 불법을 공부했다. 19세에 귀국했을 때 고도령이 말했다.

"고구려 사람들은 아직 부처님의 가르침을 몰라. 앞으로 3천여 달이 지나면 신라에 성스러운 왕이 불교를 일으킬 게다. 거기 가서 불교를 전했으면 좋겠구나."

아도가 신라 왕성 서쪽에서 살았던 시기는 제13대 미추왕 때다. 신라 제23대 법흥왕(514~540년)이 불교를 일으켰으니, 미추왕 원년(263년)에서 계산하면 252년 후가 된다. 고도령의 예언이 맞았다.

만일 비처왕 때라면, 아도가 고구려에서 100년 넘게 있다가 신라로 온 것이 된다. 미추왕 때라면, 고구려에 아도가 불교를 전한 374년보다 100여 년이 앞서고. 당시 신라에는 이웃 나라와 문물을 주고받지도 않았고, 나라 이름조차 정해지지 않았을

---

3 교리를 주로 하는 불타(석가모니)의 설법을 결집한 경장과 교단이 지켜야 할 계율을 결집한 율장

4 중국 삼국시대의 위(魏)나라를 달리 이르는 말. 나라를 세운 조조의 성을 따서 부르는 이름이다.

아도화상 사적비
(구미시 송곡리 도리사)

때다. 아도가 공식적으로 불교를 전할 길이 있었을 리 만무하다. 그런데 두 연대 가운데 하나는 왜 그렇게 뒤졌고, 하나는 그렇게나 앞섰을까?

우리나라 불교는 고구려와 백제로 들어와서 신라에서 끝맺음한다. 눌지왕과 소수림왕 대가 훨씬 가까운 걸 보면 아도가 온 시기는 눌지왕 대가 맞는다. 왕녀의 병을 치료했다는 기록이 있으니 그 증거도 되고. 그러니 묵호자는 그냥 부른 이름일 것이다. 양나라 사람들이 달마를 '벽안호(碧眼胡)[5]'라 부르거나, 진나라 사람들이 승려 도안을 칠도인(漆道人)[6]이라고 불렀듯이. 아도는 사람들을 피해 다니느라 자신의 이름을 분명하게 밝힐 수 없었을 것이다. 아도니 묵호자니 하고 두 이름으로 불릴밖에. 두 사람은 외모까지 닮았다고 하니까.

5 눈동자가 파란 외국인을 낮추어 부르는 말.
6 얼굴이 검은 사람을 가리키는 말.

법흥왕과 이차돈[7]

"백성들의 복을 빌며 과인의 죄를 닦아내고 싶소."

527년 어느 날 법흥왕(신라 제23대, 514~540년)이 말했다. 신하들은 절을 짓겠다는 왕의 명령을 외면했다. 왕은 함께할 신하가 없음을 안타까워했다. 신하들이 모두 물러간 후에도 남은 한 사람이 있었다. 그가 이차돈이다. 왕을 보필하는 사인(舍人)이라는 말단 직위의, 스물두 살 난 청년이었다. 그가 왕의 깊은 뜻을 알아채고 가만히 읊조렸다.

"나라를 위해 몸 바치는 건 백성 된 도리이며, 임금을 위해 한목숨 바치는 건 신하의 절개입니다. 대신들에게 어명을 잘못 전한 죄, 죽어 마땅합니다. 제 목을 치시면 앞으로는 어명을 어길 신하들이 없을 것입니다." 왕이 명령했다. "과인의 뜻은 사람을 이롭게 하는 것인데 죄 없는 사인을 왜 죽이겠는가? 그 생각을 거두어라." 이차돈이 다시 아뢰었다. "오늘 저녁에 제가 죽어 내일 아침에 불교가 산다면 나라의 앞날이 창창할 거옵니다." 법흥왕이 감복했다. "봉황의 새끼는 어려서부터 하늘을 뚫을 마음이 있고, 기러기의 새끼는 나면서부터 물결을 헤칠 기

7 원문에는 염촉(厭髑)으로 기록되어 있으나 익히 아는 대로 이차돈으로 쓴다.

세를 품는다고 했다. 그렇다면 과연 뜻깊은 희생이도다." 왕은 이차돈의 충심을 받아들였다.

다음 날, 위엄 있고 엄숙한 분위기로 나섰다. 형벌 도구를 벌여놓고 신하들을 불렀다. "경들은 들어라. 과인이 절을 짓자는데 왜들 모르쇠냐?" 신하들이 벌벌 떨자 왕은 이차돈을 가리켜 꾸짖었다. 사인은 고개를 숙인 채 아무 대답을 못 했다. 왕의 명이 떨어지고 옥리가 그의 목을 베었다. 흰 피가 한 길이나 솟아올랐다. 깜깜해진 하늘에 하염없이 꽃비가 내리고, 모두 이차돈의 죽음을 탄식했다. 장엄한 희생이었다. 북산 고개에다 이

이차돈 순교비 *국립경주박물관

차돈을 장사지냈다. 그의 머리가 날아가 떨어진 자리에 절을 세워 자추사(刺楸寺)라 이름 지었다.

이듬해에 불교가 공인된다. 법흥왕은 면류관을 벗고 가사를 입은 채 나랏일을 돌봤다. 속죄의 뜻으로 출가한 다음 절의 주지가 됐다. 그간의 살생을 뉘우치며 여생을 부처님의 가르침을 실천하며 살았다. 왕의 뒤를 이어 왕비도 승려가 되었다.

살생을 금지한 법왕

백제에 부처 같은 왕이 있었다. 그 이름 법왕(제29대, 599~600년). 법왕은 곧 부처를 가리키는 이름이다. 왕은 살생을 금지하는 조서를 내렸다. 민가에서 기르는 새매를 풀어주고, 물고기 잡는 기구를 불살라서 사냥을 금지했다.

'산목숨을 죽이지 마라.' 불교의 근본이 되는 오계 중 첫 번째 계율이다. 가난한 백성들은 왕의 뜻을 거스를 수 없었다. 돼지를 풀어주고 닭도 풀어줬다. 포획과 구속이라는 가축의 만년 업보를 벗겨주었다. 가축들은 얼싸 좋다며 우리를 뛰쳐나갔다. 개들은 풀어줘도 다시 돌아오거나 끝까지 주인의 곁을 지켰다. 돼지들도 귀소본능이 있어 밤이 되면 주인집으로 돌아오기도

했다. 가축을 풀어주기 아까워서 몰래 잡아먹은 백성들도 있었다.

이런 사태는 살생을 금한 임금의 조서를 잘못 받아들인 해프닝이었다. 모든 가축을 풀어주라는 게 아니었다. 잡아들이는 것을 금지하고 사냥에 쓰던 새매를 풀어준, 반쪽짜리 살생 금지법이었다. 그래도 금수마저 아껴 돌보라는 어명은 동서고금을 통틀어 유례가 없는 일이었다.

알고 보면 왕이 살생을 금한 배경은 다른 데에 있었다. 오랜 세월 시달려온 전쟁이라는 공포에서 벗어나려던 몸부림이었다. 또 왕실에 대한 반란을 피하려 한 방편의 하나라고 할 수 있다. 백제만 살생을 금한다고 세상이 그렇게 되지는 않는다. 당시는 신라가 당나라와 함께 백제를 칠 계획을 세우던 때였는데 법왕은 적국을 치진 않겠다는 선언을 했으니. 살생하지 않는 풍토를 만들어놔야 반란도 잦아들 것으로 생각했을 법하다. 그래야 왜국에 볼모로 가 있던 아좌태자가 돌아왔을 때 복수하지 않을 테니. 선왕인 형(혜왕)이 즉위 일 년 만에 시해당하는 모습을 목격했고, 왜국에 있던 태자 대신 왕이 되었으니 얼마나 불안했겠는가. 신하와 백성들에게 살생을 금한다는 조서를 먼저 내리고, 스스로 무장해제라는 선수를 친 것이다.

법왕은 왕위에 오른 이듬해에 사비성의 배산임수 터에 왕흥사(미륵사)를 지었다. 절에는 계절마다 꽃나무가 장관을 이루었다. 왕은 배를 타고 강을 따라 들어가서 극락 같은 풍광을 즐겼다. 그러던 어느 날, 자객에게 시해를 당한다. 신라와 혈맹을 맺어 백제를 중심으로 삼국통일을 꿈꾸던 서동(무왕)이 배후로 드러난다. 안으로 평화를 갈망하던 법왕 그리고 신라와 혈맹을 맺어 밖으로 뻗어 나가려던 무왕. 평화와 전쟁이라는 세계관이 서로 정반대인 임금이었다.

부여 왕흥사지(충남 부여군 신리)의 기와 가마터 *문화재청

보덕이 백제로 간 까닭은

625년이니, 고구려 영류왕(제27대, 818~642년) 때다. 당나라에 사신을 보내 불교와 도교를 청하니 당 태종이 좋아한다.

영류왕의 뒤를 이어 보장왕이 즉위하자 연개소문이 왕에게 아뢰었다. "지금 나라에 유교와 불교가 번성해도 도교는 아직 성하지 않습니다. 삼교(三敎)[8] 중 하나가 없으니 천하의 도술을 갖추었다고 할 수 없습니다. 당나라에 사신을 보내 도교를 들여오면 어떻겠습니까?"

이때 반룡사에 있던 보덕 화상이 왕에게 여러 번 간청했다. "도교가 번성하면 나라의 운명이 위태로울 것입니다." 보장왕은 보덕의 간청을 한 귀로 듣고 한 귀로 흘려버렸다. 할 수 없이 보덕은 신통력으로 방장(方丈)[9]을 날려 백제 완산주(전주)에 있는 고대산으로 절을 옮겨 갔다. 고구려는 보덕의 경고가 있은 지 19년 뒤인 668년에 망하고 말았다.

옛 기록에 이런 이야기가 나온다. 수나라의 양제가 612년에

---

8 고대 중국에서 유교, 불교, 도교의 세 종교를 아울러 가리키던 용어로, 유불도(儒佛道) 또는 유불선(儒佛仙)이라고도 한다.

9 원래 사방으로 1장(丈)이 되는 방이란 뜻. 부처님 당시의 유마거사(維摩居士)가 병이 들었을 때 그가 거처했던 사방 1장의 방에 문병 온 3만2천 명을 모두 앉게 한데서 생긴 말.

보덕이 방장을 날려 옮겨간 경복사지의 가을풍경 *완주군

군사 30만을 거느리고 바다를 건너 쳐들어왔다. 고구려의 영양왕이 항복하는 척 표문(表文)[10]을 보냈다. 한 사람이 작은 활을 품에 감추고 배 안으로 들어갔다. 고구려가 항복한다는 글을 읽고 있던 수양제를 쏘았다. 화살을 맞은 수양제가 군사를 돌리며 신하들에게 말했다. "천하의 군주가 이 작은 나라를 못 이겼으니 만대에 웃음거리가 되었구나."

수나라의 비장(裨將) 양명이 아뢰었다. "신이 죽으면 고구려의 대신이 되어 폐하의 원수를 갚겠습니다." 수양제가 죽자 과연 양명이 고구려 땅에 다시 태어난다. 나이 15세가 되니 총명

10 신하가 제 생각을 적어 임금에게 올리는 글.

하고 무예와 용맹이 있었다. 그는 스스로 성을 개라 하고 이름을 금이라 했다. 개금은 '소문(召文)'까지 지위가 올라 개소문이라 불렸다. 연개소문의 '연(淵)'은 당나라 고조의 이름자여서 이를 피해 천개소문(泉蓋蘇文)으로 불렸다고 한다. 연개소문이 보장왕에게 아뢰었다. "솥에는 세 개의 발이 있고 나라에는 세 가지 교가 있습니다. 고구려엔 불교와 유교만 있고 도교가 없어서 나라가 위태롭습니다."

수나라가 망하고, 보장왕은 당나라에 도교를 청했다. 당 태종이 도사 8인을 고구려에 보내왔다. 왕은 절을 도관으로 만들고 도사를 유학자 윗자리에 앉게 했다. 도사들은 산천을 돌아다니며 절에 해코지했다. 연개소문은 천리장성을 쌓기 시작했다. 16년이 걸린 대공사에 남정들이 동원되었고 아낙들이 농사를 지어야 했다. 나라가 엉망이 되어갔다. 결국에 당 고종이 신라의 김인문과 합쳐 고구려를 치고, 보장왕을 사로잡아 갔다. 왕의 서자, 안승이 4천여 가구를 인솔하여 신라에 투항했다.

보덕이 망명한 백제는 663년에 망했으니 이건 또 어떻게 설명해야 할까?

신라의 10대 성현

신라의 경주 흥륜사 금당에는 신라 10대 성현의 소상(塑像, 찰흙으로 만든 형상)이 있었다. 금당에는 대개 석가모니 부처상인 주존불과 열 제자 혹은 열여섯 나한상을 모셔둔다. 흥륜사의 그 자리에는 10대 성현의 조각상을 모신 곳이다. 동쪽에서 서쪽을 보는 이는 다섯이다. 표훈, 사파, 원효, 혜공, 자장의 소상이다. 서쪽에서 동쪽을 향한 이도 다섯이니 아도, 이차돈, 혜

신라의 십대 성현. 동쪽에서 서쪽을 보는 다섯.
왼쪽부터 표훈, 사복(사파), 원효, 혜공, 자장의 소상 *경주시

신라의 십대 성현. 서쪽에서 동쪽을 향한 다섯.
왼쪽부터 아도, 염촉(이차돈), 혜숙, 안함, 의상의 소상 *경주시

숙, 안함, 의상이다.

아도는 그 모습이 해괴한 승려다. 맨 앞자리에 아도상이 있는 건 불교를 신라에 전한 공덕이라 할 수 있다. 신통력이 있어 설법할 땐 하늘에서 꽃이 떨어졌다고 한다. 그 옆엔 승려도 아닌 이차돈이 자리하고 있다. 참형 당할 때 흰 피가 솟은 이적으로 불교가 공인되었다. 그 공덕으로 신라의 첫 절인 흥륜사가 창건되었다. 혜숙은 구담공이 노루를 사냥해서 피를 마시는 걸 보고, 제 허벅지살을 구워주며 살생을 꾸짖은 승려이다. 안함은 수나라로부터 깨달음을 얻는 열 가지 수행법인 십승(十乘)을 전하고 황룡사구층탑을 지은 이유를 밝혔다. 탑은 층마다 뜻을 담고 있다. 9층은 예맥, 8층은 여진, 7층은 거란, 6층은 말갈, 5층은 응유, 4층은 탁라, 3층은 오월, 2층은 고구려와 백제, 1층은 왜국을 빗대었다. 의상은 소백산에 밝힌 화엄의 등불이 나라 안팎에 퍼지기를 염원하여 교단을 조직하고 후학을 기르는 데에 힘쓴 승려이다.

표훈은 천상을 넘나들며 경덕왕에게, 태자를 바라는 대신 나라를 보살피라는 하늘의 뜻을 전했다. 혜공은 오어사(吾魚寺) 창건 설화에다, 삼태기 지고 장터를 돌아다니며 춤춘 기행으로 '부궤화상'이라는 별명을 얻은 승려이다. 원효는 의상과 함께 당나라로 유학 가다가 해골바가지에 든 물을 마시고 스스로 깨달았다. 백성을 중심에 놓고 불교의 대중화를 이끈 주인공이다. 자장은 선덕여왕을 보좌하면서 황룡사구층탑을 설계하고 승정 기구를 정비한 승려이다. 사파는 장애를 지니고서도 어머니의 시신을 지고 연꽃 가득한 보살들의 세상인 보문(普門)에 든 성현이다.

금관성 파사석탑

김해 허왕후릉에는 특이하게 생긴 탑이 하나 있다. 파사석탑이다. 원래는 호계사에 있었는데 옮겨 놓은 것이다. '파사(婆娑)'는 산스크리트어로 '일체의 지혜가 지금 나타난다'는 뜻이라고 한다. 이 석탑은 옛날 이곳이 금관가야였을 때 아유타국(인도)의 허황옥 공주가 배에 싣고 온 것이다. 서기 48년 당시 그 먼 곳에서 돌탑을 실어 오다니? 이 파사석의 영험을 보면 그 이야기에 믿음이 간다. 남해 금산에 있는 보리암의 삼층석탑에 가보면 안다. 이 탑도 허왕후가 가지고 온 파사석으로 세워졌다. 거기에 있는 나침반 바늘은 제멋대로다. 그 석탑을 벗어나면 분명히 북쪽을 가리키는데.

첫 항해에서 허황옥이 동쪽으로 항해했지만 풍랑 때문에 돌아가야 했다. 부왕의 말대로 돌탑을 싣고서야 금관가야에 도착할 수 있었다. 수로왕은 황옥을 왕비로 맞이해 150여 년 동안 나라를 다스렸다. 한반도에는 아직 불교가 들어오지 않았을 때다. 석가모니 열반 후 500년이 지났어도 동북아로는 불법이 전파되지 않았으니까. 가야 제8대 질지왕 때(452년)에야 왕후사를 세웠다. 시기로는 아도가 불교를 전한 신라 제19대, 눌지왕대에 해당한다. 가야가 이때 왜국을 진압했다는 내용이 가락국본기에 나온다. 이 모두가 파사석탑의 영험이라 믿었다.

돌탑은 각진 4면이 5층으로 되어있고 그 조각이 기묘하다. 돌에 붉은 무늬가 희미하게 있다. 돌의 품질이 좋아 우리나라 산이라는 설이 있었다. 확인차 닭 볏의 피를 찍어 시험해 봤다. 우리나라 돌은 한두 해 지나면 핏빛이 바래는데 이 돌은 그대로였다. 아유타국에서 온 돌임이 증명되었다. 이 기이한 돌탑이 가야와 인도를 잇는 유일한 증거인데, 많이 파손되어 있다. 파사석탑을 찬미하는 시를 읽으며 그 뜻을 헤아릴밖에.

허황옥이 인도에서 싣고 온
파사석탑(김해시 구산동)

석탑을 실은 붉은 돛대 그 깃발도 가벼운데/ 신령께 빌어서 험한 바다 헤치고 왔네/ 어찌 황옥만을 도우려고 이 언덕에 왔으랴/ 천년 동안 왜국의 화를 막고자 함이려니

황룡사 장륙존상

황룡사는 공사한 지 17년 만에 완공되었다. 553년, 신라 진흥왕 때였다. 한날은 큰 배 한 척이 하곡현 사포(울주 곡포)에 나타났다. 배 안에는 서축(인도) 문자가 적힌 엽신이 있었다. '아소카왕이 부처상을 만들려는 뜻을 이루지 못했다. 황철 5만 7천 근과 황금 3만 푼을 배에 실어 보낸다. 인연 있는 나라에 닿아 장륙존상(丈六尊像)을 만들기를 바란다.'는 엽신과 함께. 배에는 부처상과 두 보살상의 모형이 실려 있었다.

아소카왕은 석가모니 부처가 열반한 뒤 백 년 만에 대향화국(大香華國, 인도)에서 태어났다. 왕은 본디 99명을 죽인 살인자였으나 왕이 된 다음 뼈아프게 뉘우쳤다. 여태 부처를 공양하지 못한 것에 대해 안타까워했다. 금과 쇠를 녹여 세 번이나 불상을 만들다가 모두 실패했다. 태자가 이 일은 우리 힘으로는 할 수 없다고 왕에게 아뢰었다. 왕은 그 말을 옳게 여겨 존상을

동축사(울산광역시 동구)

만들 재료를 실은 배를 띄웠다. 배가 여러 나라를 돌아다녀도 인연이 닿는 나라가 없었다. 마지막으로 간 데가 신라였다.

진흥왕은 장인들을 불러모았다. 깨끗한 땅을 골라 동축사를 세웠다. 존상은 금과 쇠를 녹여 경주에서 만들었다. 황금 198 푼이 든 존상은 무게가 3만5천 근이요, 두 보살상은 쇠 1만2천 근과 황금 1만136 푼이 든 대공사였다. 부처상은 셋 모두 황룡사 법당에다 모셨다. 그런데 이듬해에 괴이한 일이 생긴다. 존상에서 눈물이 흘러내려 발꿈치와 바닥이 흥건하게 적시더니 진흥왕의 운명이 다하고 말았으니.

그 뒤에 자장율사가 당나라로 유학을 떠났다. 오대산에 이르렀을 때 문수보살이 현신하여 응답했다. "황룡사는 석가와 가섭불이 다녀간 곳이라 연좌석이 있었고, 아소카왕이 띄운 배가 신라에 닿은 것은 그러한 인연의 결과요, 천삼백여 년이 지난 다음에야 불상이 완성된 것이니라."

당시 수준으로는 최고 솜씨로 만든 장륙존상. 고려 때 몽골 병란으로 존상과 두 보살상은 녹아 없어졌다. 이후 황룡사마저 불에 타서 사라졌다. 그 후 780여 년의 시간이 흘러 오늘에 이르렀다.

황룡사구층탑

636년 어느 날 당나라에서 자장율사는 문수보살을 만난다. 선덕여왕 때다. 율사가 태화 연못을 지나는데, 신령이 말을 걸었다. "여긴 왜 왔소?" 율사가 대답했다. "위로는 깨달음을 얻고 아래로는 중생을 구하려고 왔습니다." 신령과 자장은 문답을 주고받았다.

"신라에 무슨 어려움이 있나?" "북으로는 말갈, 남으로는 왜, 국경에는 고구려와 백제가 번갈아 침입하니 자나깨나 걱정입니다." "그게 말이야, 신라에는 여자가 왕이라 적국에서 노리고 있네. 어서 본국으로 돌아가게." "소승이 돌아가면 뭐 좋은 일 있겠습니까?" "호법룡이 우리 큰아들인데 황룡사를 지키고 있네. 그 절에다 구층탑을 세우게나. 함부로 이웃 나라가 넘보지 못하고 오랑캐들이 조공하여 왕업이 편안할 것이야. 그리고 날 위해서 절을 지어 복을 빌어주면 그 은덕을 갚겠네."

율사는 당 고종이 준 선물(불경과 불상과 가사와 폐백)을 지니고 신라로 돌아왔다. 자장이 자초지종을 아뢰었다. 여왕은 신하들의 뜻을 물었다. 문제는 나무로 구층탑을 지을 기술이 없었다는 것. 건축 기술이 앞선 백제의 도움을 받아야 했다. 백제는 적국이었기에 보물과 비단을 들고 의자왕에게 청했다. 백제의 장인 아비지와 그 문하생이 신라로 왔다. 아비지가 거느린 일꾼이 200명이나 되었다. 김용춘이 공사를 총감독하고, 아비지는 십장을 맡아 탑 건축공사를 지휘했다.

탑주를 세우던 날, 아비지는 백제가 멸망하는 꿈을 꾸었다. 이상한 예감에 공사를 멈추었더니 천지가 진동했다. 날이 갑자기 어두워지면서 노승과 장사가 나타나서 탑주를 세우고 사라지는 거였다. 아비지는 일을 멈춘 것을 후회하고 일념으로 공사에 매달렸다. 서기 645년, 황룡사구층목탑이 완성되었다.

세상이 깜짝 놀랄 구층 목탑을 세운 뒤로 신라가 삼국을 통일한다. 안타깝게도 698년에 첫 벼락이 쳐서 탑이 무너져서 고쳐 짓는다. 868년에 두 번째 벼락이 떨어진다. 953년에 세 번째, 고려 때인 1035년에 네 번째, 1095년에 다섯 번째 벼락이 친다. 다섯 번 고쳐 지었으나 고종(고려 제23대, 1213~1259년) 때인 1238년 겨울, 몽골군이 쳐들어온다. 황룡사와 함께 구층목탑은 불더미가 되어 역사의 뒤안길로 사라졌다.

황룡사구층목탑 모형(경주시 구황동 경주황룡사역사문화관)

황룡사대종

754년 동방에서 가장 큰 종이 탄생한다. 신라 경덕왕 때의 일이다. 종의 이름은 황룡사대종. 높이가 1장 3촌이요, 두께는 9촌이 넘는 데다 무게가 49만 7581근이었다. 현존하는 에밀레종의 4배가 넘는 규모다. 시주는 삼모부인이 맡고 종은 이상택의 하전이 만들었다. 삼모부인은 경덕왕의 첫 왕비이다. 왕이 스물한 살 나던 봄에 아들을 못 낳는다고 궁 밖으로 쫓겨났다. 태자를 못 낳는다고 왕비를 쫓아낸 건 신라 왕실에서 처음 있는 일이었다. 왕자가 없으면 공주가 왕이 되던 나라가 신라임에도. 외척들이 왕을 심하게 흔들어서다. 부인은 쫓겨난 지 십 년이 지난 뒤, 종을 만드는 비용을 댄다. 왕의 힘이 그때까지 미쳤다고 볼밖에. 새 왕비로는 젊고 아리따운 만월 부인을 맞는다.

궁에서 쫓겨난 삼모 부인은 김순정 공의 딸이다. 순정 공은 경덕왕의 외할아버지인 김순원의 아우. 직위는 이찬이었다. 절세미인이던 수로 부인이 처로 향가 헌화가의 주인공이기도 하다.

황룡사 대종은 크기가 엄청난 대신 소리는 별로였다고 한다. 종의 백미는 소리인걸. 무겁게 깔리기만 하는 소리가 싫어 고려 숙종(제15대, 1095~1105년)은 종을 새로 만들었다. 황룡사대종을 녹여 불순물을 걸러내니 종의 크기가 옛 종의 반에도 못 미쳤다. 당좌를 쳐보니 신묘한 소리가 나는 거였다. 허공을 향해 아득히 울려 퍼지는, 숨을 쉬는 듯 맥놀이가 커졌다가 작아지며, 선정에 든 선승의 마음같이 깊디깊은 소리였다. 시루떡을 찔 때 김이 흘러내리듯 소리를 아래로 흐르게끔 기단 아래에 판 구덩이가 한몫했다. 하늘로 뻗어가는 소리는 드 높고, 땅으로 퍼지는 소리는 더욱 깊었다. 종소리를 듣는 사람들의 숨소리마저 깊어지던 어느 날, 황룡사의 새 종소리가 뚝 그쳤다. 1283년, 몽골의 살리타이가 종을 훔쳐 간 것이다.

1982년부터 세 차례에 걸쳐 종을 수색했다. 새 종을 찾으려고 잠수부들이 문무왕릉 앞바다를 뒤졌지만 허사였다. 몽골군이 배에 싣고 가다 빠뜨렸다는 황룡사 종은 어디에 있을까? 종을 되찾는다면, 이 땅에 사는 사람들과 우수마발이 온갖 번민을 잊고 행복감을 맛볼 텐데.

봉덕사 에밀레종

에밀레, 에밀레…… 에밀레종의 사연을 듣고 가슴 졸지 않은 어린이가 있을까? 종 안의 아기가 엄마를 부르는 애끓는 소리. 피눈물이 뚝뚝 듣는, 쇳물이 굳기 전에 김필월이 왕을 칭송하는 명문(銘文)을 새겨 넣었지. 그 덕분에 역사에 이름 석 자를 남기고.

기념비적인 공사에는 공명심에 사로잡힌 이들이 제 이름을 새기려고 서로 나선다. 당시에는 왕에게 잘 보여야 가능한 일이었다. 에밀레종에 새겨진 열여섯 명의 이름을 보자. 명문을 쓴 열두 사람의 이름이 앞에 새겨져 있다. 종을 만든 박종일과 박빈내와 박한미와 박부부의 이름은 끝에 나온다. 직위가 높은 순서대로다. 장인의 이름자가 새겨진 건 드문 일이다. 고대 건축물을 세우다가 죽어간 서양의 노예들과는 확연히 다르다.

당시 최고 권력자들의 이름이 앞에 있고 그 이름자는 모두 김씨다. 대각간 김옹은 공사를 지휘한 총감독이고, 김양상은 혜공왕을 시해하고 제37대 선덕왕이 된 상대등이다.

경덕왕은 아버지 성덕왕을 기리는 종을 만들다가 운명했다. 그의 아들 혜공왕(제36대) 때 완성해 봉덕사에다 안치한 때가 770년. 봉덕사는 효성왕(제34대)이 아버지 성덕왕을 기리려고 세운 절이다. 그래서 종 이름이 성덕대왕신종이다. 경덕왕(제35대)이 아버지를 위해 시주한 금을 팔아 만든 종이니 응당 왕실의 부귀영화를 찬양할밖에.

북천가에 지워진 봉덕사는 홍수에 떠내려가고 홀로 남은 에

성덕대왕신종(일명 에밀레종. 경주시 인왕동 국립경주박물관)

밀레종. 소리 하나만큼은 지금도 애절하게 들린다. 그 조화를 알아내려고 1998년에 종의 성분을 분석했겠다. 종에서는 인 성분이 검출되지 않았다. 아기를 넣어 만들었다는 속설은 속설일 뿐이었다. 그렇다고 말짱한 거짓이라 치부하기엔 곤란할 듯하다. 설화에는 그것만의 울타리가 필요한 법. 아이마저 빼앗겨야 했던 신라 백성들의 부역이 얼마나 힘들었는지를 잊지 않으려면.

경주 봉황대 일원에서는 특별한 축제가 열린다. 경주국립박물관에 안치된 에밀레종의 모형을 만들어 타종하는 '신라소리

축제 에밀레전'이다. 그 절절하게 맥놀이 치는 파동을 전자 공명으로 느껴보려고 사람들이 모여든다. 이게 다 천년 넘게 '엄마'를 호명해온 설화 속 아이의 덕이 아닐까?

영묘사 장륙존상

선덕여왕 때, 두두리(頭頭里)라는 귀신의 무리가 하룻밤에 연못을 메우고 거기 영묘사가 들어선다. 그 후 백 년이 지난 764년에 생긴 일이다.

제35대 경덕왕 때다. 영묘사의 주지 양지 스님이 장륙존상 셋을 빚는다. 찰흙으로 만든 이 부처상에다 금분을 칠했다. 그 비용으로 곡식 2만3700석 값이 들었다고 한다. 영묘사는 특별한 절이었다. 여러 번 불이 나서 고쳐 지은 데다 판관까지 두고 관리했다. 양지 스님이 만든 장륙삼불 덕분이라고 한다. 스님이 어떤 분인가? 지팡이를 부려 시주를 받아오는 도인이다. 풍요(風謠)라는 향가를 지은, 글재주가 또한 남다르다.

절이 보통 조용하고 한가롭게 보이지만 들여다보면 그렇지만은 않다. 스님들의 일과는 무척이나 빡빡한 편이다. 군 복무보다 '중질'하기가 힘들다는 말이 있을 만큼이나.

양지 스님은 부지런하다는 말로는 형용이 안 되는 분이다. 일하다가도 해가 질 때면 탄식을 할 정도였다니 여간 빡빡하신 스님이 아니다. 불멸의 작품들을 남긴 예술가가 될밖에. 일할 때는 신이 나서 노래를 달고 살았다. 신묘한 데다 일솜씨가 달인인지라 그 많은 절의 전탑과 기와를 만들고 벽돌에다 삼천부처까지 새길 수 있었다. 일할 땐 마을 사람들의 기꺼운 도움을 받았음을 향가에서 짐작할 수 있다. 부지런히 흙을 나르면서 부른, 그날의 풍요(風謠)[11]가 들려오는 것같다.

> 온다 온다 온다/ 온다 서러워서/ 서러운 중생들/ 공덕 닦으러 온다

스님이 선창하면 마을 사람들이 따라 부른다. 질통을 진, 단내나는 입에서 노랫소리가 둘레둘레 퍼져나간다. 장륙존상이 나무 그늘에서 손쉽게 만들 수 있는 게 아니기에 많은 시행착오도 겪었을 법하다. 나무관세음보살 소리가 신음처럼 터져 나오고, 잡념을 잊고 삼매에 들어야 완성할 수 있는 장륙존상. 얼마나 힘든 일이었으면 노동요를 지어 불렀을까? 땀과 노래 사이에서 탄생한 부처상 셋. 본에다 비계를 쌓아 올리고, 찰흙을

11 신라 때의 4구체 향가로 노동요의 일종.

붙이고, 깎고, 말리고, 굽고, 금칠한 이 걸작들은 언제 어디에서 진토가 되었을까?

사천왕사지(경주시 배반동)에서 출토된 녹유신장벽전.
활과 화살을 든 신장상.

복원된 신장녹유벽전 3점 *국립경주문화재연구소

영묘사지(경주시 사정동)에서 출토된
'천년의 미소' 얼굴 무늬 수막새

녹유신장상

만불산

587년이니 신라 진평왕 때다. 죽령(경북 풍기읍 소재) 동쪽 백 리쯤 되는 산에 사방 한 길씩 되는 큰 돌이 생겨난다. 4면에 여래상이 새겨진 이 돌은 붉은 비단에 싸여 산꼭대기로 떨어졌다. 왕이 행차하여 돌을 받들어 절하고 그 옆에다 대승사를 지었다. 주지를 청하여 돌을 모시니 사람들이 몰려들었다. 돌이 떨어진 이 산을 사불산이라 불렀다. 주지가 죽자 무덤 위에서 연꽃이 피어났다고 한다.

8세기 중엽 경덕왕이 백률사를 나들이할 때였다. 사불산 아래 땅 밑에서 염불하는 소리가 들려왔다. 땅속에서 큰 돌을 캐냈더니 4면에 여래상이 새겨져 있었다. 그곳에 절을 세우고 굴불사(掘佛寺)라 이름 지었다.

경덕왕은 당 대종이 불교를 유달리 받든다는 말을 듣고 어느 날 화공에게 명했다. 화공은 신묘한 솜씨를 발휘한다. 침단목을 빚어 명주와 옥으로 산 모형을 만든 다음, 오색 담요 위에 놓았다. 모형에는 우뚝 솟은 바위, 괴이한 돌, 물이 솟는 구멍을 만들어 몇 개의 구역을 나누었다. 각 구역에는 여러 나라의 산천을 만들었다. 봄바람이 불어오면 벌과 나비가 날고 제비와 참새가 춤을 췄다. 동물들도 이게 진짜인지 가짜인지 모를 정도였다. 한가운데에는 크고 작은 부처 만 상을 모셨다. 그 머리들이 어떤 것은 큰 기장만 하고, 어떤 것은 콩알 반쪽만 했다. 꼬불꼬불한 상투와, 흰 털, 눈썹, 눈이 조화로웠다. 금과 옥으로 된 깃발, 치자, 꽃 열매와 누각과 본당과 강당도 만들었다. 작기는 해도 살아 움직이는 진짜보다 더 진짜같이 기운생동(氣韻生動)[12]했다. 앞에는 비구상 천여 점이 둘러서 있었다. 아래에 있는 종 세 개엔 모두 종각과 좌대가 있었다. 고래 모양의 종치는 방망이도 만들었다. 바람이 불어 종이 울리면, 서 있던 승려들이 머리를 대고 엎드려 절을 했다. 은은한 염불 소리까지 들리니 그게 종에서 나는 소리였다. 말로는 표현하기가 어려운 이 빼어난 모형을 만불산(萬佛山)이라 불렀다.

만불산이 완성되자 사신을 보내 당 대종에게 선물했다. 황제가 탄복하여 말했다. "신라 장인의 기예는 사람이 아닌 하늘의 솜씨요." 하며 혀를 내둘렀다는 이야기다. 예술품의 경지가 문명의 척도를 나타내는 법. 이제 신라는 만만한 나라가 아니었다.

12 살아 있는 듯 기품이 넘침. 동양미학의 중심 척도이기도 하다.

생의사 돌미륵

선덕여왕(632~647년) 때 생의 스님은 늘 도중사에 머물렀다. 한 스님이 생의를 데리고 남산으로 올라갔다. 남쪽 골짜기에 이르렀을 때다. 스님은 풀을 매어 표시해두고 말했다. "여기 묻혀 있는 나를 고갯마루 위에 묻어 주시오." 눈을 떠보니 꿈이었다.

생의는 친구와 함께 꿈에서 표시한 곳으로 갔다. 땅을 파보니 돌이 나왔다. 돌은 전체가 미륵상이었다. 그 미륵을 밧줄로 친친 감고, 밀고 당기며 삼화령에다 모셨다. 그리고 절을 세우고 이름을 생의사(生義寺)로 지었다. 생의 스님이 파낸 이 돌미륵이, 충담 스님이 해마다 음력 3월 3일과 9월 9일에 차를 달여 바쳤다는 그 부처상이다. 모습이 친근하고 얼굴이 앳돼 보인다. 양쪽에 두 협시보살을 둔 이 미륵불상은 손을 많이 탔다. 어여쁘고 귀엽기도 했겠지만 예부터 미륵불의 코를 만지면 아기를 낳는다는 속설 때문이다.

이와 비슷한 일이 경주 남산 열암곡에서 있었다. 2007년 따듯한 봄날, 남산으로 출타한 문화재연구원들이 행운의 주인공이다. 땅속에 묻혀 있던 신라 때의 생의사 미륵불과 같은 계통인, 몸집이 아주 큰 마애불을 땅속에서 캐낸 것이다. 무게가 자

그마치 70톤. 화강암으로 조각한 앞면이 바닥으로 엎어진 채 묻혀 있었다. 처음엔 마애불인 줄 몰랐다고 한다. 큰 돌이 박힌 줄 알고 밟고 지나다닌 것이다. 불상이 4미터 60센티, 연화좌를 합한 높이가 5미터 60센티다. 정수리가 불룩한 이 마애불의 얼굴은 계란형으로 오뚝 솟은 코, 내리뜬 눈이 인상적이다. 도톰한 입술이 유려하고, 귀는 머리카락 끝에서 어깨에 이르는, 목까지 처연하게 흘러내린 삼도, 넓고 어깨에 당당한 대장부의 가슴으로 보아 그 양식이 통일신라의 마애불이다. 신체 비례는 4등신이다. 머리가 큰 것은 신도들이 우러러볼 때의 비례감을 살린 거라고. 돌부처 상은 대개 닳거나 코가 부러져 있는데, 1300년 동안 땅속에 묻힌 덕에 원형에 가깝게 보존될 수 있었다. 삼화령삼존불과 배리삼체석불, 석굴암본존불로 이어지는 신라 불상의 흐름을 잇는 돌부처이다.

흥륜사의 보현보살 벽화

신라 경명왕(제54대, 917~924년) 때다. 흥륜사의 남문과 좌우 요사채에 불이 났다. 정화와 홍계 스님은 불탄 절을 고쳐 지으려고 애를 썼다. 이때 제석신이 좌경루에 내려와서 열흘간 머무르더니 절 주변에서 그윽한 향이 났다. 오색구름이 절을 휘감고 연못의 물고기들이 기뻐서 뛰놀았다. 마을 사람들이 소문을 듣고 몰려왔다. 옥과 비단과 곡식이 산더미처럼 쌓였다. 장인들이 힘을 모아 하루 만에 절을 고쳐 지을 수 있었다.

제석신이 돌아가려 하자 두 스님이 말했다. "만일 돌아가시려거든 당신의 얼굴을 그려 공양드리고 싶다. 당신의 그림자를 남겨두어 공덕을 기리고 싶습니다." 제석신이 응답했다. "내 원력은 저 보현보살이 현묘한 조화를 부리는 일만 못 하다. 보살의 화상을 그려서 공양하는 게 낫겠다." 두 스님은 얼씨구나 벽에다 보현보살상을 그렸다.

이차돈의 희생을 기려 세운 절, 흥륜사. 아무리 이름난 절일지라도 불이 나자 백성들이 찾지 않았던 것이다. 백성들의 발길이 드무니 왕실은 그냥 내버려 두고 있었다. 흥륜사가 불탄 사실을 알리려고 두 스님이 사방을 뛰어다녔다. 여염의 시주를 받아 고쳐 지을 도리밖에 없었다. 절에 시주를 얻으려면 남다른 방편이 필요했다. 나라에는 도적 떼가 들끓는 때였다. 왕은 월성과 그 주변을 다스리는 호족만도 못한 신세였다. 천신만고 끝에 현승의 난[13]을 진압하니 궁예와 견훤이 들이닥쳤다.

---

13 918년 음력 2월, 일길찬 현승이 경명왕의 즉위에 불만을 품고 일으킨 반란.

궁예를 물리치고 왕건이 고려를 세웠다. 민심이 그쪽으로 기울었다. 경명왕이 왕건과 손잡고 대야성에서 견훤을 물리친 때도 927년이었다. 변방의 장군과 군사들이 왕건에게 줄을 섰다. 그 판에 경명왕이 무슨 명분으로 흥륜사를 고쳐 짓도록 돕겠는가.

나라가 혼란할 땐 유언비어가 난무한다. 신통방통하다는 제석신이 다녀간 절에, 제석신보다 용하다는 보현보살상 이야기를 그렸으니 시주가 이어질밖에. 기와 한 장 한 장에 시주자의 이름을 써서 절을 짓는 기와 불사가 행해진 것도 이때부터다.

경주 흥륜사지(경주시 사정동) *문화재청

중생사의 관음보살

#1

당나라의 한 황제가 말했다. "세상의 어떤 인물화도 짐의 애인보단 못났다."

황제가 하루는 천하 제일간다는 화공을 불러 애인의 초상화를 그리게 했다. 멋지게 그려가던 화공이 그만 붓을 떨어뜨렸다. 그림의 배꼽 밑에 붉은 점이 찍혔다. 점 하나쯤은 날 때부터 있었다고 하면 되겠지, 생각하고 그림을 바쳤다. 황제의 얼굴이 일그러졌다. "겉모습은 똑같은데 암만 봐도 배꼽 밑의 점이 수상하단 말야." 신체의 비밀을 아는 걸 보니 애인과 동침한 거라 여긴 황제는 화공을 옥에 가두었다.

화공은 곧은 사람이니 풀어주자고 한 승상이 아뢰었다. 황제는 그가 정직한지를 시험해 보기로 했다. "짐이 어젯밤 꿈에서 본 형상을 그려라. 꿈과 똑같이 그린다면 용서하겠다." 난감해진 화공은 십일면관음상을 그렸다. 황제가 보니 꿈에서 본 형상과 똑같았다. 황제는 의심을 풀고 그를 용서했다.

풀려난 화공은 박사 분절에게 제안을 했다. "신라에선 부처님의 법을 받든다고 들었습니다. 같이 배를 타고 가서 불사를 닦아 복을 지읍시다." 화공과 분절은 의기투합하여 신라로 건

중생사 관음보살상
(경주시 인왕동 국립경주박물관)

너갔다. 그리고 중생사 관음보살상을 만들었다. 신라 사람들은 이 보살상에 기도하여 크고 작은 영험을 얻었다고 한다.

신라 말엽이었다. 최은함이 늘그막에 관음상 앞에서 기도하고 아들을 낳았다. 석 달이 못 돼 후백제의 견훤이 신라로 쳐들어왔다. 최은함은 아들을 안고 보살상 앞에 엎드렸다. "백제 군사가 쳐들어왔습니다. 이 아이는 살아서 집안의 대를 이어야 합니다. 보살님께서 점지하신 생명이라면 자비로 돌봐주십시오. 난리가 끝나면 오겠습니다." 최은함이 세 번을 슬피 울며 세 번을 아뢰었다. 그리고 젖먹이 아기를 포대기에 싸서 관음상 밑에 두고 떠났다.

견훤이 물러가고, 최은함이 다시 중생사에 왔다. 다행히 아이가 살아 있었다. 피부는 갓 목욕을 시킨 듯 뽀송뽀송하고 얼굴은 백옥 빛깔인 데다 입에선 젖 냄새가 났다. 그는 아이를 안고 와서 정성껏 길렀다. 아이는 커서 어진 사람이 되었다. 그가 바로 고려 성종(제6대, 981~997년) 때 정광 벼슬을 한 최승로다. 승로가 숙을 낳고, 숙은 제안을 낳았다. 그의 집안에 훌륭한 자손이 끊이지를 않았다. 그게 다 중생사 관음보살의 은덕이라고 믿었다.

#2

992년, 중생사에서 있은 일이다. 성태 스님이 관음보살상에 기도를 올렸다. "저는 이 절에서 향을 부지런히 올리고 밤낮 정진했습니다. 근데 절에 양식이 없어 향을 올릴 수 없습니다. 다른 절로 가야겠습니다." 관음보살이 나타났다. "그대는 떠나지 마라. 내가 향 피울 비용으로 쓰게 시주를 모아주겠다."

스님이 깜빡 졸았을 때 관음보살이 꿈에 나타난 거였다. 스님은 감격하여 이 절에 계속 머무르기로 했다.

열사흘이 지났다. 낯선 사람 둘이 절을 찾아왔다. 소와 말에 짐이 실려 있었다. 그들이 어디서 왔는지를 주지 스님이 물었다. "우린 금주(金州) 인근에 삽니다. 지난번에 한 스님이 오셔서 말했습니다. 내가 중생사에 있는데 먹고살기가 힘들어 시주를 얻으러 왔소. 그래서 쌀 여섯 섬과 소금 네 섬을 얻어 이렇게 찾아왔습니다." 성태 스님이 말했다. "시주 구하러 나간 스님이 없는데요? 잘못 온 것 같습니다." "그 스님이 우릴 데리고 왔는데요. 신견정에 이르러서 절에 다 와 간다며 먼저 가서 기다린다고 했는데요. 우린 그 스님을 따라온 거고요." 두 사람은 법당으로 들어가 봤다. 그리고 관음보살상에다 절을 하다가 깜짝 놀랐다. "이 관음보살상이 그 스님입니다. 얼굴이 똑같습니다."

이 이야기가 알려지자 마을 사람들이 몰려들었다. 절에 쌀과 소금 시주가 끊이질 않았다. 한날 저녁에는 절 문간에 불이 났다. 사람들이 달려와 불을 껐다. 그런데 법당에 관음상이 없어졌다. 이리저리 찾아보니 뜰 가운데 서 있었다. 누가 밖으로 옮겨 놓았는지 물어봐도 아무도 몰랐다. 그제야 관음보살의 영험을 알 수 있었다.

#3

1173년에는 까막눈인 점숭 스님이 이 절에 머물렀다. 날마다 부지런히 향을 올렸다. 한 승려가 절을 빼앗으려고 친의천사에게 호소했다. "이 절은 나라에서 은덕과 복을 비는 도량입니다. 글을 아는 사람이 주지를 맡아야지요." 천사는 그 말을 듣고 의식문을 거꾸로 보여줬다. 점숭 스님이 그 글자를 단박에 읽어냈다. 이번에는 천사가 물러나 앉아 다시금 찬찬히 읽게 했다. 그러자 점숭 스님은 한 글자도 읽지 못했다. 천사가 말했다. "저분은 관음보살께서 보살펴주시나 보오. 이 절에 계시는 게 옳겠소."

절을 빼앗으려던 한 스님의 수작은 수포로 돌아갔다.

백률사에 나타난 만파식적

경주 북쪽에 있는 소금강산, 그 남쪽에 백률사가 있다. 이곳은 원래 이차돈의 머리가 떨어진 곳에 세운 자추사(刺楸寺)였다. '자'는 잣이니 '백'과 같고, '추'는 밤이니 '율'과 같아 백률사(栢栗寺)로 바뀐 것이다.

백률사 가는 가파른 돌계단을 밟고 올라선다. 마애돌탑이 맨 먼저 반긴다. 단층에 나무 기와를 인 대웅전은 사람 인(人)자 모양의 맞배지붕이다. 범종을 치면 하늘에서 꽃비가 쏟아질 것만 같은 절. 이 절의 으뜸은 대비상(大悲像)이다. 이 영험 있는 부처님이 부례랑을 구출해 올 때 남긴 발자국이 법당 댓돌에 남아 있다.

692년 가을, 효소왕은 부례랑을 국선으로 삼는다. 부례랑은 천 명의 무리 중에 안상과 가장 친했다. 이듬해 북명 경계로 봄나들이 갔다가 부례랑이 오랑캐에게 붙잡힌 것이다. 무리는 돌아오고, 안상 혼자 오랑캐를 좇아갔다. 왕이 말했다. "만파식적이 천존고에 있는데 어째서 이런 일이 생긴단 말이오?" 상서로운 구름이 천존고를 뒤덮었다. 살펴보니 거문고와 만파식적이 없어진 거였다. 부례랑을 잃고 보물마저 잃은 왕은 몹시 원통했다. 창고를 관리하는 김정고 등 다섯 사람을 옥에 가두었다.

부례랑의 부모는 백률사에서 며칠을 기도했다. 향탁 위에 무엇이 나타났다. 거문고와 만파식적이었다. 대비상 뒤에는 부례랑과 안상이 와 있었다.

이야기인즉, 부례랑은 오랑캐에게 잡혀간 뒤에 양치기로 살았다. 한 스님이 거문고와 피리를 들고 와서 고향엘 가자 했다. 스님을 따라 바닷가에 가니 안상이 기다리고 있었다. 피리를 쪼개 둘에게 한 조각씩 타고, 스님은 거문고에 올라탔다. 순식간에 바다를 건너 백률사까지 온 것이다. 부례랑은 거문고와 피리를 갖고 대궐로 갔다. 왕은 금은 비단과 밭을 백률사에 시주했다. 죄수들을 사면했다. 관리에겐 작위를 높여주고 백성에겐 3년간 세금을 면제해줬다. 부례랑을 대각간으로, 그의 아버지를 태대각간으로, 어머니를 사량부 경정궁주로, 안상을 대통으로 삼았다. 가두었던 창고지기를 풀어주고 5급 벼슬을 내렸다.

그해 6월, 밤하늘에 혜성이 나타났다. 난리의 조짐이었다. 왕은 얼른 피리를 벼슬에 봉하고 '만만파파식적(萬萬派派息笛)'

이라 이름을 지었다. 감쪽같이 혜성이 사라졌다. 좋은 기운이야말로 만사형통이 아니겠는가.

백률사(경주시 동천동)

민장사

우금리(禺金里)에 사는 가난한 여자, 보개에게는 장춘이라는 아들이 있었다. 아들이 장사꾼을 따라 배를 타고 간 뒤론 소식이 없었다. 어머니가 민장사의 관음보살 앞에서 7일간 기도했다. 아들이 살아 돌아왔다. 아들은 어머니에게 자초지종을 이야기했다.

"바다에서 풍랑을 만났어요. 배가 부서져서 모두 죽었죠. 저는 파손된 배의 조각을 타고 바닷가에 닿았죠. 어떤 사람이 저를 구해서 집으로 데려갔어요. 들에서 농사를 시키데요. 어느 날, 이상한 스님이 오셨어요. 고향 사람처럼 절 반기고 위로해 주시데요. 그 스님이 저를 데리고 어디론가 갔어요. 깊은 도랑이 앞을 가로막혔어요. 스님은 저를 겨드랑이에 끼고 도랑을 뛰어넘었어요. 정신이 가물거려 겨우 눈을 떴죠. 그 순간 식구들의 말과 어머니의 우시는 소리가 들리더니, 제가 여기 와 있었어요. 저녁밥 지을 무렵에 떠나왔는데 겨우 설거지할 시간이네요."

장춘이 민장사에서 어머니의 품에 안긴 때가 745년 4월 8일(음력)이었다. 경덕왕이 절과 백성들의 요구에 시주로 크게 응답한, 요즘의 부처님 오신 날이다.

4부

천 개의 눈과 천 개의 손

4부

천 개의 눈과 천 개의 손

사리의 행방

수행승의 성스러운 증거라는 사리. 사리는 몸의 뼈, 두개골, 치아에서 나온다고 한다. 우리나라에 사리가 처음 들어온 때가 신라 진흥왕 때인 549년이다. 양나라의 사신 심호가 사리 몇 과를 품에 지니고 왔다. 선덕여왕 때엔 자장율사가 당나라에서 부처의 진신사리 100과를 지니고 와서 황룡사와 대화사 탑, 통도사 계단(戒壇)[1]에 보관했다. 통도사 계단 위쪽은 가마솥 모양의 돌 뚜껑을 엎어 놓았다. 고려 때 안렴사(按廉使)[2]들이 절을

1 계(戒)를 받기 이하여 흙이나 돌로 쌓은 단.

2 고려 시대의 지방관직. 충렬왕 때인 1276년에 관제 개정에 따라 안찰사(按察使)로 개칭했다.

올린 뒤 이 돌솥을 들어봤다. 처음엔 구렁이가 돌함 속에 있더니 그다음엔 큰 두꺼비가 쪼그리고 있었다. 이때부터 이 돌을 들지 않았다고 한다.

1232년에 고려 고종이 수도를 강화도로 옮길 때다. 내관들이 깜빡하고 그만 사리를 못 챙기고 나왔다. 온광 스님이 진신사리에 예를 올리겠다고 청해왔다. 왕이 내신을 시켜서 궁중을 살폈지만 사리가 없었다. 최충이 설신을 시켜 여러 방을 돌아다니면서 물었다. 사리가 있는 곳을 아는 이가 없었다. 김승로가 아뢰었다. "도읍을 강화도로 옮길 때 쓴 자문일기를 보고 사리를 잃어버린 책임자를 추궁해야 합니다."

자문일기에는 이백전이 사리를 받았다고 적혀 있었다. 그에게 물으니 집에 있는 자신의 일기를 보겠다고 했다. 일기에는 김서룡이 받았다고 적혀 있었다. 김서룡을 족쳤다. 그는 모른다고 했다. 5년간 어불당과 경령전(景靈殿)[3]을 지킨 사람들을 심문했으나 사리는 찾을 수 없었다.

사흘이 지났다. 김서룡의 집 담장 안으로 뭔가 떨어지는 소리가 났다. 불을 밝혀서 보니 사리함이었다. 함에는 사리가 많이 들어있었다. 왕이 신하들에게 말했다. "사리를 잃은 뒤로 과인은 이렇게 의심했었소. 첫째는 하늘에서 말한 기한인 7일이

3 고려의 태조와 국왕 4대친(四代親)의 진영을 봉안한 전각.

지나 승천한 게 아닐까 하고. 둘째는 사리가 인연 있고 태평한 나라로 가버린 게 아닐까. 셋째는 재물을 탐낸 소인이 상자를 훔치고는 사리를 버리지 않았을까. 넷째는 도둑이 숨겨 두었을지 모른다는 거였소. 네 번째 의심이 맞았구려."

왕은 소리 내어 울었다. 뜰에 있던 사람들도 눈물을 흘리면서 술잔을 올렸다. 사리를 찾은 기쁨에 울컥하여 이마와 팔을 불태우는 이도 있었다. 부처의 사리가 온 나라의 신물(神物)이던 때의 이야기다.

두 원화의 사랑과 질투

화랑제도는 신라 진흥왕(제24대 임금, 540~576년) 때 생겨났다. 실은 원화제도가 이보다 먼저 만들어졌다. 왕은 여염에서 똑똑하고 예쁜 소녀들을 뽑았다. 이들에게 효도와 우애와 충성과 신의를 가르쳐 나라의 근간으로 삼으려 했다.

치열한 경선 끝에 남모와 교정을 대표 원화로 뽑았다. 그리고 원화의 무리 수백 명을 모았다. 왕은 남모를 편애했다. 같은 대표 원화인 교정은 질투심에 불탔다. 하루는 교정이 남모에게 술을 먹였다. 남모가 만취하자 북천으로 끌고 갔다. 어둠 속에서 돌로 때려 구덩이에 묻었다. 남모를 따르는 무리가 슬피 울며 찾아 나섰다. 그중 한 사람이 교정의 음모를 알아냈다. 어린 아이들을 시켜 거리에서 노래를 시켰다. 남모가 북천 강가에 묻혀 있다는 내용이었다. 왕이 사람을 시켜 남모의 시신을 꺼냈다.

왕이 심문을 했다. "왜 남모를 죽였는가?" 교정이 되물었다. "바른대로 말하면 죄를 용서해 주시렵니까?" "참작은 하겠지만 살인죄를 용서할 수는 없다." "그렇다면 전 남모를 죽이지 않았습니다." "한 번 더 묻겠다. 왜 죽였느냐?" 교정이 정색하며 아뢰었다. "이대로 죽으면 분하오니 제 마음을 고백하겠습니다. 이건 유언입니다." 교정은 울먹이며 말했다. "제 사랑이 죄라면 그건 남모를 안은 대왕님의 팔이 죄입니다. 당신을 사랑하는 게 죄라면 그건 제게 다정하게 대해주신 대왕님의 입이 죄입니다. 남모가 죽은 건 대왕께서 저를 잊은 죄요, 누구보다 대왕님을 사모한 이 마음이 죄입니다." 그리고 덧붙였다. "대왕께 여쭈나니, 아직도 죽은 남모를 사랑하신다면 산 저를 치시고, 죽은 남모보다 저를 아끼신다면 꼭 한 번 품어주소서." 교정이 일어섰다. "대왕님, 아직 남모를 사랑하시나요? 이대로 저를 버리시렵니까? 대왕님, 사랑합니다."

진흥왕은 남모의 말에 흔들리지 않았다. 형리를 시켜 교정의 목을 쳤다. 남모의 피는 붉게 뿜어져 나왔다. 시샘의 끝판왕인 남모의 고백은 진흥왕의 다른 결심을 끌어냈다. 왕이 명령을 내렸다. "원화제도를 폐지하라!"

여러 해가 지났다. 나라가 융성하려면 청년들이 풍월도를 해야 한다고 왕은 생각했다. 이번엔 좋은 집안에다 덕행 있고 행실이 바른 소년들을 뽑았다. 이때부터 화랑제도가 시작된다.

노힐부득과 달달박박

노힐부득과 달달박박은 못 말리는 죽마고우다. 스무 살이 되었을 때, 누가 먼저 도를 이루나 시합했다. 둘은 같이 산에 들어갔다. 부득은 백월산 동쪽 고개에 쌓은 돌 안에서, 박박은 북쪽 고개에 지은 판자 안에서 정진했다. 둘은 돌멩이로 만든 뇌방이네, 판자로 맞춘 판방이네 어쩌네 하며 서로 핀잔을 줬다. 방은 비가 줄줄 샜다. 노힐부득은 미륵불이 되는 꿈을 지니고, 달달박박은 아미타불이 되겠다고 장담했다.

3년이 지난 초파일 저녁이었다. 한 여인이 '박박'의 암자에 나타났다. 오늘 하룻밤 자고 가게 해달라며 시를 읊었다. 박박은 자신이 곧 부처가 될 사람임을 알고 흔들리는 마음을 다잡

백월산(창원시 마산리) *창원시

았다. 여인에게 잠을 재워줄 수 없으니 '부득'이 있는 데로 보냈다. 여인은 고개 너머로 갔다. 부득이 정진하는데 웬 여인이 게송을 읊는 거였다.

> 해 저문 깊은 산속 인가는 보이지 않고/ 잘 곳을 청하는 건 길을 잃어서가 아니라/ 덕행 높은 스님을 보살 세계로 이끌고 싶어서니/ 부디 청을 들어주시고 누군지는 묻지 마시어요

부득은 잠시 망설였다. 말로만 중생을 구한다면 그건 보살행이 아니라 생각했다. 더군다나 한밤에 길 잃은 여인을 모른 척할 수 없었다. 그는 단칸방에다 여자를 들였다. 호롱불의 심지가 타들어 갈수록 마음을 가다듬고 염불에 전념했다. 여자의 신음이 들려왔다. "스님, 아기 좀 받아줘요." 여자가 막 몸을 푸는 거였다. 부득은 짚자리를 깔고 아기를 받아냈다. "저도 씻겨주셔야죠." 더는 망설일 수 없었다. 부득은 물을 데워 여자를 씻겨줬다. 그러자 통 속에 든 물에서 향내가 났다. 여자의 몸이 금빛으로 변했다.

"이제 스님이 씻을 차례예요." 여자의 말을 따랐더니 정신이 맑아졌다. 그리고 온몸이 금빛인 미륵부처가 되었다. 옆엔 연화좌대가 있었다. "거기 앉으셔요. 전 스님을 도와주는 관음보살입니다." 여인은 아기를 안고 사라졌다.

다음 날, 달달박박은 새벽 일찍 일어났다. 여자를 품어 파계하고도 남았을 부득에게 갔다. 부득은 보이지 않고, 연화대 위에는 없던 부처가 앉아 있었다. 관음보살이 된 노힐부득의 모습이었다. 박박은 관음보살을 몰라본 어리석음을 탄식했다. 관음보살이 말했다. "통에 남은 물로 목욕이나 하시오."

박박은 그 말대로 했다. 얼마 후 달달박박은 겨우겨우 아미타불이 되었다. 그러나 씻을 물이 모자라서 온몸을 금빛으로 물들이진 못했다. 그래서 맨발과 여러 군데 얼룩이 진 부처가 되었다는 이야기다.

분황사 천수보살과 맹아

신라 제35대 경덕왕(742~765년) 때다. 한기리의 여인, 희명(希明)이 아이를 낳는다. 까꿍 하면 까르르 웃고, 도리도리하면 고개를 요리조리 돌리는 해맑은 아이였다. 아이가 다섯 살이 되던 어느 날이었다. 간밤에 자고 나서도 여전히 밤인 줄 아는 거였다. "아침인데 왜 해가 안 떠? 엄마, 어디 있어?" 아이가 눈앞이 깜깜하다고 하는 거였다. 엄마가 말했다. "엄마는 여기 있고, 넌 거기 있어. 해는 하늘에 떠 있고." 그래도 아이는 울기만 했다. 희명은 아이의 눈에 이상이 생긴 게 분명하다고 느꼈다. 의원도 없는 가난한 동네였다. 할 수 있는 거라곤 기도뿐이었다. 희명이 아이를 안고 분황사를 찾아갔다. 천수천안관세음보살 앞에 엎드려 절했다. 그리고 노래를 지어 부르며 이렇게 기도했다. 향가, 도천수관음가(禱千手觀音歌)다.

무릎을 세우고/ 두 손 모아/ 천 개의 손과 천 개의 눈을 지니신/ 관세음보살님 전에 엎드려 비옵니다/ 천 개의 손과 천 개의 눈 중에/ 어느 하나를 내어주시면 하나가 덜어지지만/ 둘도 많은 저희인지라/ 하나만이라도 살며시 내려주신다면/ 아아/ 저의 진실한 마음 알아주신다면/ 이 몸 불러 쓰실 때는/ 자비의 뿌리가 되어 드리오리다.

분황사 모전석탑(경주시 구황동)

아이도 함께 기도했다. "무릎 꿇어 두 손 모아 빌어요. 손이 천 개인 관세음보살님, 눈이 천 개인 관세음보살님. 그 많은 눈 중에 하나만 제게 주세요. 손과 눈이 많잖아요. 어떤 손이 어디에 있는 눈을 갖다 줬는지 표도 안 나겠죠. 천 개의 눈 중에 하나만 떼주세요." 하고는 법당 안에서 엎어졌다. 주지 스님과 희명이 깜짝 놀라 아이를 일으켰다. 이게 웬일인가? 아이가 눈을 번쩍 뜨고 웃는 게 아닌가.

당시 귀족들의 끝 모를 요구에 왕이 시달리던 때였다. 왕권을 강화하려면 백성들의 응원이 필요하다. 여염에서 돌아다니는 감동적인 이야기가 최고다. 어떤 절이 영험하다는 소문이 퍼지면 백성들은 부처를 우러르고 응당 왕권도 강화되니까.

희명의 아이는 왜 갑자기 눈이 보이지 않았을까? 급작스럽게 시력을 잃을 수 있는 성홍열이나 척수막염, 아니면 풍진에 걸렸을 수도 있다. 증세가 그리 심하지 않아 금세 나았을 테고. 아이코! 관세음보살님의 영험을 폄훼하는 저를 용서하소서. 저도 점점 시력이 나빠지나이다. 천수천안관세음보살님, 부디 천 개의 눈 중에 하나만이라도 저를 주신다면…….

조신의 꿈

승려, 조신이 세달사에 머물 때다. 조신은 절에 와서 탑을 돌며 기도하는 낭자에게 첫눈에 반했다. 김흔 태수의 딸인 낭자와 연분이 맺어지기를 날마다 빌었다. 어느 날 그 낭자에게 배필이 생겼다는 말을 들었다. 조신은 치성을 드린 관세음보살을 원망했다. 해 저물도록 울다가, 울다가, 지쳐서 쓰러졌다.

낭자가 찾아왔다. 조신 앞에서 환하게 웃으며 고백하는 거였다. "일찍이 스님을 뵙고 내심 얼마나 좋았는지 모릅니다. 잠시도 잊을 수 없었습니다. 부모의 명에 못 이겨 시집을 가야 했답니다. 이젠 스님과 부부의 연을 맺었으면 바랄 것이 없겠습니다."

얼씨구나 좋다! 조신은 절을 떠나 낭자와 함께 속가에서 살았다. 아이를 다섯 낳았다. 세간은 다 허물어진 벽뿐이요 밥조차 먹기 어려웠다. 지독하게 가난한 살림에 둘은 사랑하는 마음 하나로 견뎠다. 마을을 돌아다니며 구걸도 했다. 십 년 넘게 빌어먹었으나, 결국 거지가 되어 떠돌아다녔다. 명주 해령을 지날 때였다. 열다섯 살 난 큰아이가 굶어 죽었다. 울면서 길가에다 아이를 묻어줬다. 그래도 집은 있어야겠다 싶어 우곡현 길가에 띳집을 지었다. 늙고, 병들고, 굶주린 부부는 서 있기도 힘들었다. 열 살 난 딸아이가 밥을 얻으러 갔다. 사나운 개에게 물려 드러누웠다. 조신은 꺼이꺼이 울었다. 곁에 있던 부인이 가만히 입을 열었다.

"우리 처음 만났을 땐 참 좋았죠. 제가 젊고, 옷도 많고, 얼굴도 이뻤잖소. 음식을 나눠 먹으며 정이 들었고, 여태 서로를 의지해 온 두터운 인연이지요. 지금은 어떤가요? 병들고, 굶주린데다 날이 추워지니 먹고살 길이 없네요. 아이들이 굶아도 돌보지 못하는데 부부의 정이 무슨 소용인가요? 당신은 저 때문에 괴롭고, 전 당신 때문에 근심이어요. 부부 사이에 이 이상의 우환이 없네요. 그동안의 정을 생각해서는 차마 못 할 짓이지만…… 우리, 헤어져요." 청천벽력 같은 말이었다. 아니, 조신은 아내의 말을 듣고 되레 기뻤다. 둘은 아이를 둘씩 맡기로 했다. 아내는 고향으로 가고, 저는 남쪽으로 가는 발걸음을 옮겼다. 그 순간 잠에서 깼다.

등잔불은 심지를 다 태우며 깜박거리고, 막 동이 트고 있었다. 하룻밤 새 머리털과 수염이 희어졌다. 한평생 괴로움을 한꺼번에 겪은 느낌이었다. 탐심도 얼음 녹듯 사라졌다. 다만 관음보살님 보기가 부끄러웠다. 꿈에서 큰아이를 묻은 곳으로 가보았다. 그 자리를 파니 돌부처가 나왔다. 인근의 절에다 고이 모셨다. 조신은 그 길로 세달사를 나왔다. 정토사를 세우고 정진을 거듭했다. 그 후에 어떻게 됐는지는 꿈속처럼 알 수 없었다.

만어산의 부처 그림자

가야의 시조 수로왕(42~199년) 때다. 궁궐 연못에 독룡이 살고 있었다. 만어산 기슭에 살던, 사람을 잡아먹는다는 나찰녀와 정을 통했다. 그때부터 희한하게도 흉년이 찾아왔다. 왕이 주술을 부려 금하려고 해도 안 됐다. 할 수 없이 부처님께 법을 설하게 했다. 마침내 나찰녀가 계를 받았다. 그 뒤로는 농사가 잘됐다. 동해의 어룡들이 모두 돌로 변했다. 눈을 감지 않는 물고기를 본떠 경각심을 일으키게 만든 목탁처럼, 이 돌들을 치면 맑은 종소리가 났다. 만어사는 고려 명종(1131~1202) 때 승려 보림이 세웠다. 보림이 임금께 올린 글이다.

> '이 산의 기이한 자취가 부처의 그림자입니다. 신이한 점이 세 가지가 있습니다. 산 가까운 데에 있는 옥지에 독룡이 삽니다. 강가에서 구름이 생겨 산꼭대기에 닿으면 그 구름 속에서 음악 소리가 납니다. 서북쪽의 반석에는 물이 마르지 않는데, 이는 부처가 가사를 씻던 곳이라서 그렇습니다.'

만어산 아래에는 쏟아져 내린 듯 골짜기를 메운 돌로 가득하다. 생긴 모양이 물고기 같은 돌이 많다. 이 돌들을 두들기면 금

만어산의 경석(밀양시 삼랑진읍 용전리)

옥을 치는 소리가 난다. 돌이 깨진 면을 보면 대개 등 푸른 생선 빛깔이다. 이 같은 전설이 생겨날 만하다고 하겠다.

만어사의 미륵전에 가면 전설을 뒷받침하는 증거가 있다. 부처상이 있을 자리에 큰 바위를 모셔두었다. 바위를 응시하면 가사를 입은 부처의 형상이 보인다고 한다. 동해 용왕의 아들이 미륵불이 되고, 뒤따라온 물고기들은 돌이 되었다는 것이다. 돌들의 너덜지대가 그야말로 장관이다. 손가락이나 작은 돌로 두들겨 보면 큰 돌에서 나는 청아한 소리를 들을 수 있다.

이 만어산의 너덜지대가 밀양 3대 명물로 뽑힌 건 우연이 아니다. 돌에서 금옥 소리가 나니 좀 신이한가! 표충사의 땀 흘리는 사명대사비와, 여름에도 얼음이 어는 얼음골의 신이함에 견줄 만하다. 멀리서 보면 나타나고 가까이서 보면 사라지는 부처의 그림자가 남아 있는 만어산. 조선 세종 때는 돌종과 옥돌 악기를 만들려고 이 돌들을 모아 시험한 적이 있었다. 음률이 맞지 않아 그만두었다고 한다.

만어사 미륵전(밀양시 삼랑진읍 용전리)의 돌미륵상

보질도 태자

신라에 형제 태자가 있었다. 형은 정신왕(제31대 신문왕)의 태자 보질도, 아우는 효명 태자다. 두 태자가 하서부에 있는 세헌 각간의 집에서 하룻밤을 묵었다. 이튿날 각각 천 명을 거느리고 큰 재를 넘었다. 성오평(省烏坪)에 가서 며칠을 노닐다가 오대산으로 숨어들었다. 함께 놀던 신하들은 형제를 찾지 못하고 궁궐로 돌아갔다. 647년 음력 8월 5일이었다.

형은 오대산 중대 남쪽 진여원 터의 아래로 갔다. 산자락에 푸른 연꽃이 핀 것을 보고는 거기다가 띳집을 지었다. 아우는 북대의 남쪽 산자락으로 갔다. 그곳에 푸른 연꽃이 핀 것을 보고 띠를 엮었다. 둘은 띳집 암자에서 기거했다. 날마다 부처님께 예배하고 염불하면서 행실을 닦았다. 동서남북과 중앙의 오대(五臺)에 나가 기도에 정성 들였다. 푸른빛 방위인 동쪽대의 만월형으로 된 산에는 관음보살의 1만 진신이 있었다. 붉은빛 방위인 남쪽대의 기린산에는 8대 보살을 우두머리로 한 1만 지장보살이, 흰빛 방위인 서쪽대의 장령산에는 무량수여래를 우두머리로 한 1만 대세지보살이, 검은빛 방위인 북쪽대의 상왕산에는 석가여래를 우두머리로 한 5백 대아라한, 누른빛 방위인 중앙대의 풍로산에는 비로자나를 우두머리로 한 1만 문수보살이 있었다.

진여원에는 서른여섯 가지 모습으로 변신한 문수보살이 나타났다. 두 태자는 함께 예배했다. 날마다 이른 아침에 골짜기의 물을 길어와 차를 달여 1만 진신 문수보살에게 공양했다.

이때 정신 태자의 아우, 부군이 궁궐에서 왕위를 다투다가 죽는 일이 생겼다. 조정에서는 장군 네 명을 시켜 두 태자를 찾으러 나섰다. 이들은 오대산에 와서 효명 태자 앞에서 만세를 불렀다. 오색구름이 오대산부터 경주까지 뻗쳐 칠일 밤낮 빛을 뿜었다. 사람들은 그 빛을 따라와서 두 태자를 모시려고 했다. 보질도 태자는 돌아가지 않겠다며 울었다. 어쩔 수 없이 효명 태자를 모시고 가니, 그가 신라 제33대 성덕왕이 되었다.

효명 태자가 오대산에 들어오기 전에, 효소왕(제32대) – 신문왕의 새 왕비인 신목왕후의 아들, 7세로 왕위에 오른 – 이 그의 아우와 왕위를 두고 싸웠다. 신하들이 이들을 폐위시키고 오대산으로 와서 효명 태자 – 신문왕의 본처인 김 씨의 작은아들 – 를 왕으로 옹립한 사건이다. 효소왕과 성덕왕은 배다른 형제다. 신하들이 왜 그를 왕으로 추대했는지를 말해주는 부분이다. 진골 귀족인 외척들의 영향력이 그만큼 커졌다는 뜻. 그 뒤로 신라 왕들의 족보는 일관성이 없어진다.

705년 음력 3월 8일, 보질도 태자는 진여원(眞如院)[4]을 세웠다. 태자는 골짜기에서 나는 신성한 물을 마시며 살았다. 어느 날 공중에 몸을 띄워 유사강(流沙江)에 이르러 울진대국의 당천굴에 들어가 도를 닦았다. 그 후 오대산 신성굴로 돌아와 오십 년간 도를 닦았다고 전해진다.

월정사의 다섯 성자

학은 하루에 열두 번 운다. 흰 깃털에는 먼지나 흙도 묻지 않는다. 암수는 160년이 지나서 눈이 마주치면 알을 낳는다. 1600년간 먹이를 잡지도 않고 물만 마신다. 옛 그림에서 학은 선인들이 타고 다니던 날개 달린 동물의 우두머리로 이천 년을 산다. 『상학경기(相鶴經記)』에 나온다.

절에 가보면 대웅전에서 학 그림을 볼 수 있다. 강원도 오대산에 있는 월정사 적멸보궁(寂滅寶宮)[5]의 학 그림은 설화로 알려져 내려온다. 학의 빼어난 기품 덕에 사람에게 특별한 '그 무

4 오대산 상원사의 최초 이름.

5 석가모니의 진신사리를 봉안하는 사찰로, 법당 안에 불상을 모시지 않는다.

엇'으로 여겨져서다. 옛사람들은 학이 새겨진 물건을 지니면 오래오래 산다고 믿었다. 신라 때 신효 거사는 홀어머니를 모시고 살았다. 가난한 살림에도 고기반찬으로만 밥을 먹는 어머니를 위해 사냥을 다녔다. 어느 날 풀숲에서 학 다섯 마리를 발견하고 활시위를 당겼다. 깃을 떨어뜨리고 학은 날아가 버렸다. 거사는 안타까운 나머지 깃을 주워 살폈다. 깃털 사이로 보이는 사람들이 모두 짐승이었다. 뭔가 가슴을 치는 게 있었다. 신효는 제 넓적다리 살을 베어 어머니께 구워 바친다. 그리고 다음 날 출가한다. 학의 깃털 사이로 봐도 사람이 사람으로 보이는 데서 살려고 승려의 길을 간 것이다.

하루는 노부인을 만난다. 노부인이 북쪽을 향한 골짜기가 살

오대산 월정사 적멸보궁(강원 평창군 동산리) *문화재청

기에 좋다고 했다. 신효는 노부인이 관음보살의 화신임을 알았다. 그날로 자장율사가 기거했던 띳집에 들어가서 살았다. 어느 날, 다섯 비구가 와서 가사 한 폭을 달라는 거였다. 한 비구가 품속의 깃털을 가리켰다. 신효는 품에 지닌 깃을 내줬다. 비구가 해진 가사에다 깃을 갖다 대니 딱 들어맞는 거였다.

신효는 비구들이 떠난 뒤에야 그들이 다섯 보살의 화신임을 알았다. 월정사 구층석탑도 그 자취로 여기게 됐다. 훗날, 부처의 법이 길이 번창할 곳이 오대산이라고, 풍수지리에 통달한 이가 말한 적이 있다. 학의 깃털이 가사의 한 부분이라는 건, 한 번 인연은 언젠가 다시 만난다는 뜻이 아닐까?

오대산 월정사 적멸보궁(내부) *문화재청

무장사 미타전

무장산은 경주 동북쪽에 있다. 골짜기가 산을 깎아 놓은 듯 가파르고 골이 깊다. 일상을 떠나 잠시나마 풍광을 즐길 만한 곳이라 하겠다.

신라 원성왕(제38대)의 아버지, 효양 대아간이 숙부를 기려 절을 세운 곳. 이곳에 있던 아미타불 전각은 소성왕(제39대)의 비, 계화 왕후가 왕의 음덕을 기려 세웠다고 한다. 왕후는 여섯 가지 화려한 옷과 창고에 쌓아둔 재물을 내놓았다. 명장을 모아 아미타 불상을 만든 다음, 몇몇 신상을 함께 모셨다.

그 전부터 이 절에는 한 노승이 머물렀다. 어느 날 노승은 부처님이 석탑의 동남쪽에서 설법하는 꿈을 꾸었다. 불법이 비밀처럼 절에 깃들 거라는 생각에 꿈 이야기를 아무한테도 하지 않았다. 절벽 바위가 나온 지형에다 냇물이 세게 흘러 장인들이 거들떠보지 않고, 사람들이 터가 안 좋다고 해서다. 불당을 세우고 보니 과연 꿈에서 본 성스러운 기운이 어리는 것이었다. 미타전은 나무랄 데 없이 좋다며 신도들이 난리였다고 한다. 지금은 자취도 없다.

이런 이야기도 내려온다. 무열왕이 삼국을 통일한 뒤에 병기를 골짜기에 묻었기에 '투구 무(鍪), 감출 장(藏)'을 따서 절 이

무장사지 삼층석탑
(경주시 암곡동) *경주시

름이 '무장사(鍪藏寺)'라고 한다는. 신라가 삼국을 통일했지만 남은 건 상처뿐이었다. 전쟁이라면 투구든 무기든 꼴 보기도 싫었을 터. 당나라가 신라마저 접수할 기세였으니 백성들의 원성도 드높았다. 전쟁은 끝났고, 당나라 군대를 철수시키려면 신라가 솔선해야 한다는 중론이었다. 무기를 버리면 항복이니 무장산 골짜기에 꼭꼭 감춘 것이다.

병기를 묻어두고 신라는 당나라에 평화를 요구했다. 나라가 절체절명의 위기에 처했을 때 녹슨 무기를 들고 출격할 군사마저 모자라는 형편이었다. 그 무장사지에는 현재 삼층석탑만 남아 있다. 이 무장산을 늦가을에 가면, 억새군락을 배경으로 더할 나위 없이 행복해하는 행락객의 모습들을 만날 수 있다.

온천욕과 영취사

683년, 신문왕 때의 재상인 충원공은 온천욕을 즐긴 사람이다. 그는 공무 중에 빠져나와 물 좋은 동래온천에 자주 갔다. 거기 노천족탕 옆에는 온정개건비가 남아 있다. 조선 영조 때 동래부사가 개축을 축하하여 세운 기념비다.

신라 때의 일이다. 잘 걷지도 못하는 할머니가 한날은 다리를 저는 학을 보았다. 학은 뜨거운 김이 나는 땅 주위를 돌며 서 있었다. 다음 날도 그다음 날도 그렇게 서 있었다. 며칠 뒤에 가보니 다리를 절던 학이 물가를 빙빙 돌다가 날아가는 거였다.

무장산 억새밭 전경(경주시 암곡동)

할머니는 학이 있던 곳엘 갔더니 뜨거운 물이 샘솟고 있었다. 학이 하던 대로 발을 담그고, 신체 곳에 물을 발랐다. 쑤시고 결리던 관절이 말끔하게 낫는 거였다. 제대로 못 걷던 할머니가 멀쩡하게 다니는 걸 본 마을 사람들이 신기해했다. 소문이 퍼지고 피부병, 신경통, 관절염, 근육통, 골다공증이 있는 사람들이 몰려들었다. 그 후로 이 영험한 샘물이 있던 곳은 온천장이 되었다.

동래온천을 다녀간 충원공이 한날은 경주로 돌아가는 길에 굴정역의 동지야에 머물렀다. 매가 한곳을 빙빙 돌고 있었다. 매가 노리는 데를 보니 우물이 하나 있었다. 우물 안에는 꿩이 필사적으로 날개를 뻗대고 있었다. 매는 허공에서 꿩을 내려다보곤 차마 덮치지를 않았다. 꿩이 제 새끼들을 보호하려고 어찌나 피눈물 나게 품었던지 우물이 온통 핏빛이었다. 어미 꿩의 사투에 매가 감히 덮치질 못했다. 충원공이 그 사실을 신문왕께 아뢰었더니 그곳에다 절을 짓게 했다. 이 절이 영취사다.

저물녘, 영취사 가는 길에 섰다. 문수산과 남암산 사이로 넘어가는 햇빛이 매의 눈빛 같고, 두 산은 새끼를 지키느라 양 날개를 뻗댄 꿩의 모습 같다. 허공은 핏빛 놀로 그득하다. 죽음을 넘어선 새끼 사랑의 성소인 그 우물은 없다. 역사의 자취를 즐겨 찾는 사람들에겐 아쉬운 마음이 클 것 같다.

원광, 유학의 길을 열다

원광 법사는 진한사람이다. 도량이 넓고 글이 좋았다. 일찍 이름을 떨쳤으나 남진(南陳)의 선승들에겐 못 미쳤다. 그가 삼기산에서 4년째 수행하던 어느 날이었다. 한 걸승이 법사의 토굴 옆에다 절을 지었다. 법사가 밤에 불경을 외울 때였다. 신의 말이 들려왔다. "요새 수행승이 많지만 법대로 하는 이는 드물도다. 이웃에 있는 승려를 보니 주술을 써먹으려고 하는 모양인데 말짱 허사야. 밤마다 쿵덕거려 심히 괴롭네. 내가 다니는데 걸리적거리기만 해. 법사가 말 좀 해주게, 빨리 다른 데로 가라고. 만일 내 말을 무시하면 혼을 낼 거라고."

이튿날 법사는 신의 명령을 그대로 전했다. "스님, 딴 데로 가셔야겠소. 안 그러면 신의 노여움을 살 거요." 걸승이 대답했다. "당신같이 괜찮은 스님도 마귀에게 꼬이는가? 귀신의 말에 웬 근심인가!"

그 밤에 신이 다시 왔다. "그 돌중이 뭐라던가?" 법사는 행여나 신의 노여움을 사지나 않을까 목소리를 낮췄다. "아직 그러지 않았습니다만 말씀을 전한다면 들을 것입니다." 신이 말했다. "내가 들었는데 어찌 말을 보태는가? 잠자코 지켜보게."

그날 밤 벼락이 떨어졌다.

원광법사와 화랑도의 세속오계
(경남 합천군 해인사의 벽화)

이튿날 보니 산을 뭉개 걸승이 쿵덕거리던 절을 묻어 버린 것이었다. 신이 말했다. "법사가 보기엔 어떻소?" 법사가 아뢰었다. "간이 콩알만 해졌습니다." 신이 다시 말했다. "이 정도 신술은 사소한 건데 뭘 그러나? 난 장차 일어날 일을 알고 천하에 꿰지 못하는 게 없어. 가만, 법사가 이러고 있으면 일신에 좋을지는 몰라도 백성을 이롭게 하진 못할 거네. 남진으로 건너가게. 열심히 배워 이 나라의 혼미한 무리를 가르치게나."

법사는 곧장 금릉으로 갔다. 당나라에 11년을 머무르면서 삼장에 통달하고 유교도 배웠다. 불교를 공부하니 지금껏 알던 지식이 썩은 지푸라기와 같았다. 그 길로 계를 받아 도를 깨쳤다. 제자들이 구름처럼 모여들었다.

600년에 원광 법사는 신라로 돌아와서 정법을 가르쳤다. 진평왕에 건의하여 화랑도의 세속오계도 만들었고, 당시 신라에서 남진이나 당나라로 유학한 이는 드물었다. 그 뒤로 당나라 유학 행렬이 이어졌다. 원광법사가 그 길을 연 것이다.

인도로 간 승려들

아리나발마는 불교를 공부하러 당나라로 간 신라의 승려다. 627년에서 649년 사이, 당나라 장안에서 인도까지 걸어갔다. 나란타사는 학승 만 명과 교수 천오백 명이 있던 세계 최초의 대학이다. 아리나발마는 이곳에서 율장과 논장을 익히고, 조개 껍데기에 경전을 베껴 쓰며 정진했다. 나란타사에는 무너져 내린 기둥 옆으로 승방, 주방, 욕탕, 우물, 빨래터와 도량의 자취가 남아 있다.

신라에서 당나라로, 당나라에서 인도까지 걸어서 간 승려들을 떠올리면 가슴이 먹먹해진다. 똥 밭에 굴러도 이승이 낫다면 목숨 건 수행을 할 수 있었을까? 죽을 수는 있어도 포기할 수는 없다는 싯다르타의 신념을 따르고 싶었을까? 모래바람이 이는 사막을 건너가다 목숨을 잃은 승려들이 부지기수. 천신만고 끝에 도착한 인도에서 공부하다가 가던 길 되짚어서 돌아온 이는 없었다. 인도로 간 승려들은 이미 길에서 영겁을 살았을

터. 돌아오지 않는다고 무슨 문제가 되겠는가? 아쉬운 것은 그 뒷모습이다. 불타다 남은 벽돌에서 세월의 무상함을 느낄 뿐. 무너진 나란타사의 벽돌 틈에서 민들레꽃 한 송이가 핀 사진을 본다. 신라나 당나라, 티베트의 산야에 있어야 할 민들레가 나란타사에 피어 있다. 구법승(求法僧)들이 지니고 간 꽃씨가 싹을 틔우고 꽃피운, 향기로운 자취이다. 노란 등꽃을 피운 민들레처럼 부처의 지혜도 훨훨 퍼졌으리라.

별이 하나 뜨면 별 하나가 지는 법. 아리나발마가 입적한 때는 혜초 스님이 태어날 무렵이다. 간절히 고국으로 오고 싶었

인도 나란타사 유적 *다음카페 시우송강

으나 홀연히 나란타사에서 열반한 그의 속가 나이는 70세. 그 뒤로 혜업, 현태, 구본, 현각, 혜륜, 현유와 다른 승려들이 그곳으로 갔다. 가도 가도 끝없는 길 위에 새겨진 족적, 지워진 발자국, 가고는 돌아오지 못했음에도 천 명에 가까운 삼국의 승려들이 인도로 갔다. 6세기부터 시작된 유학 행렬. 진리를 찾아 정신세계의 관문으로 걸어간 승려들을 어찌 찬양하지 않으랴!

혜숙과 짚신

혜숙 스님은 화랑 출신이다. 그가 자취를 감춘 뒤로 호세랑은 화랑의 명단에서 그의 이름을 뺀다. 혜숙은 적선촌(지금의 안강)에 숨어서 20년을 넘게 살았다. 한날은 대표화랑인 국선 구참공이 적선촌에 사냥하러 왔다. 혜숙이 그의 말고삐를 붙잡았다. "사냥하는 곳에 따라가고 싶은데 괜찮겠습니까?" 구참공이 좋아라고 허락했다. 그는 옷을 벗어부치고 말을 몰아 이리저리 달리면서 사냥을 즐겼다. 사냥한 고기를 굽고 삶아서 맛있게 먹었다. 고기 먹기를 권하자 혜숙도 함께 먹었다. 잠시 후, 혜숙이 말했다. "맛있고 싱싱한 고기를 좀 더 자시겠습니까?"

공이 좋다고 하니 혜숙은 자신의 다리 살을 베어서 바쳤다.

혜숙의 초상화 *경주시

옷에는 피가 흘러내렸다. 공이 말했다. "어째서 이런 짓을 하는 거요?" 혜숙이 대답했다. "소승은 공이 어진 분이라서 짐승들한테도 잘해주시리라 믿고 따라왔습니다. 가만 보니 짐승을 죽여 몸보신에만 신경 쓰니 이 어찌 어진 이가 할 일입니까? 국선의 도리가 아닙니다." 하고는 가버렸다.

구참공은 부끄러웠다. 혜숙이 먹던 것을 보니 고기가 그대로 남아 있었다. 이상한 생각에 진평왕께 아뢰었다. 왕이 사자를 보내 혜숙을 모셔오라고 명했다. 혜숙이 마을에서 여자와 동침하는 걸 본 사자는 그를 지저분하게 여겨 그냥 돌아왔다. 오던 길에 혜숙을 만났다. 사자가 물었다. "어디서 오시는 길입니까?" 혜숙이 대답했다. "성안에 있는 시주의 집에 가서 칠일재를 마치고 오는 길이오만." 이를 왕에게 그대로 아뢰었다. 왕이 사람을 보내 시주의 집을 조사해 보니 사실이었다.

훗날 혜숙이 죽자 이현의 동쪽에다 장사지냈다. 그때 마을 사람 한 명이 서쪽에서 오고 있었다. 그가 오다가 혜숙을 만나 어디로 가는지 물어봤다고 한다. 혜숙이 이현에서 오래 살아서 다른 데로 놀러 간다기에, 인사하고 뒤돌아보니 혜숙이 구름을 타고 있었다며. 마을 사람이 이현 동쪽에 이르니 장사지내던 사람들이 아직 남아 있었다. 그를 만난 사실을 이야기하자 모두 무덤을 파보자고 했다. 무덤 속엔 짚신 한 짝이 묻혀 있었다.

지금 안강현 북쪽에 혜숙사가 있다. 혜숙이 머물렀던 절이다. 그의 유골을 안치한 부도(浮屠)[6]도 있다. 짚신 한 짝을 남기고 혜숙은 어디로 간 것일까?

혜공과 오어사

혜공 스님은 천진공의 집에서 품팔이하던 노파의 아들이다. 어릴 때의 이름은 우조였다. 한날은 천진공이 종기가 도져 앓아누웠다. 병문안하는 사람들이 늘어서자 우조가 천진난만하게 물었다. "집에 무슨 일이 있어서 이렇게 손님이 많아요?" 어머니가 아들, 우조를 꾸짖었다. "주인어른께서 병환으로 돌아가시게 됐는데, 넌 그것도 모르느냐?" 일곱 살 난 우조가 나섰다. "제가 그 병을 고쳐 볼게요."

6 덕 높은 승려의 사리나 유골을 넣고 쌓은 둥근 돌탑

혜공의 초상화 *경주시

그 말을 전해 들은 천진공이 우조를 불렀다. 당장 죽게 생겼는데, 어린아이의 장난이라 해도 듣지 않을 수가 없었다. 우조는 입을 다물고 주인어른의 방으로 들어갔다. 침상 밑에서 앉아 가만히 있었다. 그런데 얼마 안 가서 크게 부풀어 있던 종기가 터지고 공은 다시 살아났다. 소문이 동네에 퍼졌으나 누구도 이상하게 생각하지 않았다. 우연히 나은 거겠지, 싶었을 테니까.

몇 년 후, 우조는 천진공을 위해 매를 길렀다. 공은 이 매가 마음에 들었다. 하루는 공의 아우가 지방으로 벼슬살이 나갈 때 이 매를 얻어서 갔다. 보내고 나니 공은 매가 그리웠다. 다음 날 새벽에 우조를 불러 매를 가지고 와야겠다고 생각했다. 그런데 우조가 공의 생각을 미리 읽고 그 매를 가져다가 바쳤다. 그제야 천진공은 오래전에 종기를 고친 일이 우연이 아니라고 여겼다. 공은 우조에게 엎드려 절했다. "성인께서 우리 집에 계시는 걸 모르고 제멋대로 대하고 욕보였으니 이 죄를 어찌 씻겠습니까? 이제부턴 저를 가르쳐 주십시오."

우조는 훗날 승려가 되었다. 법명을 혜공(惠空)이라 지었다. 절에서 술을 마시고, 삼태기를 진 채 길거리에서 노래하고 춤추었다. 사람들이 그를 부궤화상(負簣和尙)[7]이라는 별명을 붙여주었다. 그는 우물에 들어가서 몇 달씩 들어앉아 있었다. 우물에서 나올 때면 푸른 옷을 입은 동자가 먼저 나왔다. 스님들은 그 아이를 보면 혜공이 나올 줄 짐작했다. 신기한 것은 우물에서 나온 아이가 옷이 젖어있지 않았다는 것이다.

만년에 혜공은 항사사(恒沙寺)에 머물렀다. 원효가 경전을

오어사(포항시 오천읍 항사리) 전경 *포항시 방송 영상 캡쳐

---

7 삼태기를 짊어진 승려.

쓰다가 혜공에게 가서 묻고 서로 희롱하기도 했다. 하루는 원효와 함께 강으로 놀러 갔다. 둘은 호기가 발동해서 도력을 내기했다. 둘이서 물고기를 잡아먹고 똥을 누었다. 한 덩어리가 물에 떠내려갔다. 한 덩어리는 물고기로 변해 물을 거슬러 헤엄쳐 갔다. 혜공이 외쳤다.

"여시오어(汝屎吾魚)[8]로다!"

물고기가 물을 거슬러 오른다는 뜻은 도력이 높은 수행승이라는 의미다. 이런 일이 있었기에 이 강가에 면한 절을 오어사(吾魚寺)라 불렀다는 이야기다.

자장의 깨달음

자장율사는 잡기를 모르는 승려였다. 일찍 혼인하였으나 부모를 여의자 원녕사(元寧寺)를 짓고 출가했다. 가시덤불이 둘러쳐진 산속에서 정진했다. 움직이면 몸이 가시에 찔리고 머리는 들보에 부딪히도록 해두고서 혼미한 정신을 바로잡았다.

선덕여왕이 그를 재상에 등용하려고 불렀으나 관직을 맡지 않았다. 어명을 거역하면 칙령으로 극형에 처하겠다고 해도 끄

---

8 네 건 똥이고 내 건 물고기로다.

떡하지 않았다. 하루 계율을 지키다가 죽을지라도 백 년간 계율을 어기며 살지 않겠다는 일념으로 버텼다. 자장은 636년에, 공부가 모자람을 알고 당나라로 갔다. 청량산에 들어간 어느 날, 꿈에 문수보살이 나타나 게(偈)[9]를 주었다. 깨고 나니 그 뜻을 모르겠는 거였다. 한 승려가, 비록 만 가지를 배우더라도 이보다 나은 것이 없다는 해몽을 했다. 자장은 부처가 될 꿈으로 여겨 장안으로 갔다. 당 태종이 그를 후하게 맞이했다. 이번에는 그것마저 번거롭다며 종남산(終南山)[10]으로 들어갔다. 절벽에다 나무를 걸쳐놓고 그 위에서 다시 3년간 수행했다.

자장의 초상화 *경주시

643년, 신라에는 아직 불경과 불상이 없었다. 자장은 대장경과 불교용품을 싣고 돌아왔다. 여왕은 그를 분황사에 머물게 한 다음 불교의 규범을 정해 여러 의식을 통괄할 생각으로 자

9 부처의 가르침이나 공덕을 찬미하는, 노래로 된 글귀.

10 중국 산시성 시안시의 동남쪽에 있는 약 1200미터 높이의 산.

장을 대국통(大國統)[11]에 임명하고 승려들을 아우르도록 했다.

진덕여왕 때는 관리의 복식을 당나라와 같이하자고 자장이 건의했다. 신라의 관리들이 당나라 관복을 입게 된 연유다. 다음해부터는 당 고종의 연호를 썼다. 이후로 신라 사신이 당나라에 가면 제후국 중에 맨 윗자리에 앉을 수 있었다. '친당사대(親唐事大)를 한 떡고물'이었다.

만년에 자장은 수다사(水多寺)에서 살았다. 그는 전국에 많은 절을 세웠다. 열 군데가 넘는다. 자장이 세운 절에서 거듭 상서로움이 생긴 덕에 백성들이 절 짓는 일을 도왔다. 어느 날 자장은 오대산에서 문수보살을 친견하는 꿈을 꿨으나 다음 날 그를 만나러 온 거사를 내쳤다. 그 거사가 삼태기를 거꾸로 들자 강아지가 사자좌(師子座, 부처가 앉는 자리)가 되는 것을 보고는 그가 문수보살임을 깨달았다. 후회막급하여 거사를 뒤따랐다. 자장이 다다른 곳은 절벽의 끝이었다. 문수보살을 만나고도 몰라본 자신이 부끄러웠다. 기어이 절벽 아래로 뛰어내리고 만다. 진정한 깨달음은 죽음을 넘어서는 걸까?

---

11 신라 최고위 승직.

원효대사

원효대사의 성은 설 씨다. 어머니가 유성이 품속으로 들어오는 꿈을 꾸고 임신을 했다. 만삭으로 밤나무골을 지나다가 양수가 터졌다. 급히 남편의 옷을 나무에다 걸치고 원효를 낳았다. 해산할 때는 오색구름이 온 땅을 덮었다. 그때가 신라 진평왕 때인 617년이었다.

원효는 어릴 적부터 총명하여 스승 없이 혼자서 공부를 했다. 8살이 적은 의상과 함께 당나라로 가던 중에 땅막에서 잠을 잤다. 새벽에 목이 말라 물을 들이켰는데, 맛있게 마신 그 물이 해골바가지에 든 것이었다. 이때 '모든 것은 마음이 지어낸다'는 깨달음을 얻는다. 어느 날 거리에서 그는 노래한다.

"누가 자루 없는 도끼를 다오. 하늘 받칠 기둥 찍어내리라."

아무도 그 뜻을 몰랐는데 무열왕은, 스님이 귀부인을 얻어 귀한 아들을 낳으려 한다는 뜻임을 알아챈다. 왕은 나라에 현인이 있는 것보다 더 좋은 일은 없다고 생각하고 요석공주에게 언질을 준다. 요석공주가 궁리를 시켜 원효더러 궁으로 들어오게 했다. 궁리가 나서니, 그걸 미리 안 원효가 벌써 오고 있었다. 문천교에서 일부러 물에 빠지고는 요석궁에서 옷을 말릴 건수를 잡은 것이다. 그 길로 요석공주와 하룻밤을 묵는다. 나

원효의 초상화 *경주시

중에 공주에게 태기가 있어 아기를 낳으니, 그가 설총이다.

공주가 원효의 아이를 낳았다는 소문이 꼬리를 물었다. 파계승으로 낙인찍힌 원효는 내친김에 속인의 옷으로 갈아입었다. 광대들이 갖고 노는 괴이하게 생긴 뒤웅박을 두들기며 걸리적거림 없이 살라는 '무애가(無碍歌)'를 부르며 다녔다. 저잣거리에서 춤추고 마을을 돌며 노래했다. 무지몽매한 이들도 '나무아미타불 관세음보살'을 읊조렸다. 이때는 삼국통일을 한 다음, 신라인들이 고구려와 백제인들한테 갑질하던 때였다. 국적과 신분을 넘어 차별 없이 하나된 세상을 구현하려고 원효는 떠돌이 행각을 했다. 법명을 원효(元曉)라 한 것도 불교를 처음 빛나게 했다는 뜻이다.

원효가 열반하자 설총은 아버지의 유골을 빻아 소상(塑像)을 만들었다. 이를 분황사에 안치하곤 오랫동안 사모와 애도하는 마음을 표했다. 설총이 예배할 때 원효의 소상이 갑자기 돌아보았다. 그 후로 원효는 자신의 소상마저도 고개를 돌린 파

격적인 모습으로 불교사에 길이 각인된다.

의상의 가르침

의상 법사의 속성(俗姓)은 김 씨다. 29세에 경주 황복사(皇福寺)에서 머리를 깎고 승려가 되었다. 그 후 당나라로 건너가려고 원효와 함께 요동으로 가다가 변방 군사들에게 붙잡혔다. 첩자로 오인한 사태였다. 마침 본국으로 들어가는 사신이 있어 그 배를 타고 당나라로 건너갔다. 종남산 지상사에 들어가서 지엄 선사를 만났다. 공교롭게도 지엄은 그날 새벽에 신묘한 꿈을 꾸었다고 한다. 신라의 큰 나무 하나가 가지와 잎이 퍼져 당나라 신주까지 덮는 꿈이었다. 그 나뭇가지 위에는 봉황새의 둥지에 여의주가 하나 있었는데, 빛이 멀리까지 비쳤다. 하도 놀랍고 이상해서 일어나자마자 절을 깨끗이 하고 누군가를 기다리는데 의상이 온 것이다. 지엄은 특별한 예를 갖추어 그를 맞이했다. "새벽꿈이 그대가 올 징조였구려."

지엄이 한 방에 들어 같이 공부하자고 했다. 의상은 그 공부를 통해 화엄경의 미묘한 뜻을 알 수 있었다. 그때 신라의 승상 김흠순과 김양도가 감옥에 있었다. 흠순은 당나라 고종이 장차

의상의 초상화 *경주시

군사를 일으켜 신라를 치려 한다고 의상에게 말했다. 670년, 의상은 신라로 돌아와 이 일을 조정에다 알렸다. 문무왕이 명랑스님에게 명하여 천막 절을 지었다. 유가승 12인을 불러 문두루비법[12]으로 당나라 군사를 수장시킨 것이다.

국난을 이겨낸 의상 법사는 676년에 소백산으로 돌아갔다. 거기에 부석사를 세우고 제자들을 가르치니 많은 영험이 나타났다. 오진은 일찍이 밤이면 팔을 뻗쳐서 부석사의 석등에 불을 켰다. 지통은 의상의 가르침을 받았으므로 문사가 경지에 도달했다. 표훈은 불국사에 살며 하늘에 있는 제석궁전을 오간 일이 있었다. 이 모두가 의상의 가르침 덕분이었다.

의상은 황복사에서 신도들과 탑돌이 할 때 층계를 밟지 않고 허공으로 올라갔으므로, 그 탑에는 사다리가 없었다. 신도들도 층계에서 3척이나 떠서 허공을 밟으며 탑을 돌았다. 그 무리에게 의상이 말했다.

---

12 호국의 염원을 담아 행한 밀교(密敎)의 의례.

"모두 입을 닫읍시다. 세상 사람들이 이 사실을 알면 괴이하다며 믿지 않을 거니."

사복의 경전

경주에 살던 한 홀어미가 남편도 없이 아기를 낳았다. 아이는 열두 살이 되어도 말을 못 하고 기어 다니므로 사복(蛇福) – 사파(蛇巴)라고도 함 – 이라 했다. 훗날 그의 어머니가 죽었다. 사복은 고선사에 있는 원효를 찾아갔다. 원효는 예를 다해 그를 맞이했으나 사복은 답례도 하지 않았다.

"그대와 내가 옛날에 경전을 싣고 다니던 암소가 죽었소. 우리 함께 장사지내는 것이 어떻겠소?"

그의 말뜻을 알아차린 원효가 그러자고 했다. 둘은 사복의 집으로 갔다. 사복이 참회하여 악을 없애는 계를 요청했다. 원효는 시신 앞에서 이렇게 빌었다.

"죽는 것이 괴로우니 이 세상에 나지 말지어다. 태어나는 것이 괴로우니 또한 죽지 말지어다."

사복은 계가 너무 번거롭고 어려우니 줄여달라고 했다. 원효는 고쳐서 다시 말했다.

사복의 초상화 *경주시

"죽고 사는 것이 다 괴로우니라."

그제야 사복이 수계(授戒)를 했다. 둘은 상여를 메고 활리산 동쪽 기슭으로 갔다. 원효가 말했다. "지혜로운 호랑이를 지혜의 숲속에 장사지내는 것 또한 마땅하지 않겠는가." 사복은 이에 게(偈)를 지어 말했다. "옛날 부처님께서는 사라수 사이에서 열반하셨소. 지금 또한 그 같은 이가 있어 연화장(蓮花藏) 세계[13]로 들어가려오."

사복은 말을 마치고 띠풀을 뽑는 것이었다. 땅밑에서 명랑하고 청허한 세계가 펼쳐졌다. 칠보로 장식한 난간에 누각이 장엄한, 인간이 사는 세상이 아니었다. 사복은 어머니의 시신을 업고 그 속으로 들어갔다. 문처럼 열렸던 땅이 다시 합쳐졌다. 원효는 이 광경을 보고 돌아왔다.

어머니의 시신과 함께 영겁의 세계로 들어간 사복. 훗날 사람들이 그를 위해 경주 금강산 동남쪽에 도량사를 세웠다. 해마다 음력 3월 14일이면 점찰법회를 열었다. 연꽃이 흐드러진

13 사후 극락정토에 환생하여 연꽃 위에 몸을 의탁하는 순수 절정의 세상.

경주보문관광단지(경주시 신평동)

장엄한 세상으로 들어가는 띠풀을 뽑은 곳이 '보살의 세계로 드는 문'이라 해서 '보문'(菩門, 우주의 배꼽 자리로 오늘날의 보문단지)이라 일렀다.

사복이 세상에 영험을 나타낸 건 오직 이때뿐이었다. 그의 공덕을 안 사람들이 신라 10대 성현의 한 사람으로 받들었다.

돌에 새긴 진표 이야기

진표율사는 전주 벽골군 도나산촌 대정리 사람이다. 열두 살이 되어 출가할 뜻을 밝히자 아버지가 허락을 했다. 율사는 금산사 순제 법사를 스승으로 모시고 승려가 되었다. 순제는 사미계를 주고, 계법 2권을 전했다. "너는 이걸 지니고 미륵보살님과 지장보살님의 두 성전에서 법을 구해라. 그리고 참회하여 계법을 받아 세상에 두루 펴도록 해라."

율사는 명산을 두루 다녔다. 나이 27세가 되었다. 쌀 스무 말을 찐쌀로 만들어 변산에 있는 부사의방(不思議房, '부사의암'이라고도 한다)으로 들어갔다. 쌀 다섯 홉이 하루의 양식이었다. 그중 한 홉은 덜어서 쥐를 먹였다. 율사는 미륵상 앞에서 열심히 계법을 구했다. 3년이 돼도 깨달음은 오지 않았다. 그는 분개하여 절벽 아래로 몸을 던졌다. 청의동자(青衣童子)[14]가 그를 받아내어 목숨을 살렸다. 율사는 다시 분발했다. 스무하루를 기약하고 밤낮 도를 닦았다. 돌로 몸을 두들기면서 참회했다. 사흘 만에 손과 팔뚝이 부러졌다.

칠 일이 되는 날 밤이었다. 지장보살이 손에 금지팡이를 흔들면서 나타나 그의 몸을 정상으로 되돌려놓았다. 지장보살

---

14 부처의 시중을 드는 이.

은 가사와 바리때를 줬다. 율사는 그 영묘한 감응에 힘입어 힘껏 정진했다. 스무하룻날이 되자 천안(天眼)을 얻었다. 도솔천의 보살들이 오는 모습이 보였다. 지장보살과 미륵보살이 함께 나타났다. "장하도다, 대장부여! 계를 구하려고 목숨을 아끼지 않고 참회하는구나." 지장은 계본(戒本)을, 미륵이 패쪽 두 개를 주었다. 하나에는 9번 패쪽, 다른 하나에는 8번 패쪽이라 적혀 있었다. 미륵보살이 율사에게 말했다. "두 패쪽은 내 손가락뼈로 만든 것이다. 이는 곧 시작과 본체의 두 깨달음을 이르는 것이다. 또 9번은 법이고, 8번은 부처가 되는 새로운 종자를 만드는 법이 담겨 있다. 이로써 인과응보를 알 수 있을 것이다. 너는 육신을 버리고 왕의 몸을 받아 훗날 도솔천에 태어날 것이니라."

두 보살은 곧 사라졌다. 이때가 762년 음력 4월 27일이었다.

율사는 교법을 받고 금산사를 세우려고 산에서 내려왔다. 대연진에 이르자 용왕이 수많은 무리를 거느리고 나타나 옥가사를 바쳤다. 무리가 그를 호위해서 금산사가 들어설 곳으로 데려갔다. 사람들이 사방에서 모여들어 며칠 만에 절이 완성됐다.

또 미륵보살이 도솔천에서 구름을 타고 내려와 율사에게 계법을 주었다. 율사는 시주를 받아 미륵장륙상을 만들고, 미륵보살이 계법을 주는 모습을 금당의 벽에다 그렸다. 보살상은 764년에 완성하여 766년, 금당에 모셨다.

율사가 금산사에서 나와 속리산으로 가던 중에 소달구지를 탄 사람을 만났다. 소들이 율사의 앞에 무릎을 꿇고 울었다. 수레에 탄 사람이 내려와서 물었다. "이 소들이 스님을 보고 왜 울까요? 스님은 어디서 오시는 분입니까?" 율사가 대답했다. "나는 금산사의 중, 진표라고 합니다. 일찍이 변산의 부사의방에서 미륵보살님과 지장보살님께 패쪽을 받았지요. 지금은 절을 지어 오래 불법을 지키며 정진할 곳을 찾는 중입니다. 소들이 어리석은 듯 보여도 정말 현명합니다. 내가 계법을 받은 줄 알고 무릎을 꿇고 우는 겁니다." 그 사람이 말했다. "짐승도 이러한 믿음이 있는데 저는 사람인데 어찌 이대로 있겠습니까?"

그는 곧장 낫으로 자기 머리칼을 잘랐다. 율사는 자비심에 그의 머리를 다시 깎고 계를 주었다. 이들은 속리산 골짜기에 이르러 길상초가 나 있는 곳을 표시해 두었다. 그들이 명주 해변을 돌아갈 때였다. 물고기며 자라 등이 바다에서 나와 몸을 맞대어 육지처럼 만들었다. 율사는 그들을 밟고 바닷속으로 들어갔다. 물속에서 계법을 염송하고 돌아온 것이다. 그리고 고성군에 이르러 금강산으로 갔다. 거기다가 발연사를 짓고 점찰법회를 열었다.

발연사에 머무른 칠 년째. 명주지방에 큰 흉년이 들어 사람들이 굶주렸다. 율사는 이들을 위해 계법을 설했다. 사람들과 정성과 공경을 들였더니 죽은 물고기 떼가 고성 바닷가로 밀려왔다. 이것을 팔아다 먹을 것을 마련하니 사람들은 기근을 면할 수 있었다.

율사는 발연사에서 나와 다시 부사의방으로 갔다. 그 뒤에는 고향으로 가서 속가의 아버지를 찾아뵀다. 진문 대덕의 방에 가서 살기도 했다. 속리산의 영심, 융종, 불타 등이 찾아와 가르침을 청했다. "저희는 먼 길을 걸어왔습니다. 법문을 가르쳐주십시오."

율사는 그저 잠자코 있었다. 세 사람은 복숭아나무에 올라가더니 땅에 거꾸로 떨어지며 참회했다. 율사는 세 사람의 정수리에 물을 붓고 가사와 바리때와 불경과 패쪽을 줬다. 그리고 9번 패쪽과 8번 패쪽을 주면서 경계했다. "내가 패쪽을 줬으니 속리산으로 돌아가 길상초가 난 곳에 정사를 세워라. 이 교법에 따라 인간계와 천상계의 중생을 건지고, 후세에 널리 이로움을 펴도록." 제자들은 이 가르침을 받들고 속리산으로 돌아갔다. 곧바로 길상초가 난 곳에 절을 세우고 길상사라 이름 지었다. 영심은 이곳에서 처음 점찰법회를 열었다.

율사는 아버지와 함께 다시 발연사에 이르러 도를 닦으며 효를 다했다. 그 후 율사는 절의 동쪽 큰 바위에 올라가서 입적했다. 제자들이 시신을 그대로 두고 공양을 했다. 뼈가 흩어지니 흙을 덮어 무덤을 만들었다. 무덤에는 푸른 소나무가 났다. 나중에 말라 죽었으나 다시 한 그루가 났다. 뿌리는 하나지만 두 그루의 나무가 서 있는 것이다.

그를 공경하는 자들이 이 나무 밑에서 뼈를 찾았다. 나는 율사의 뼈가 없어질까 두려워하여 1197년 음력 9월에 소나무 밑에 가서 뼈를 통 속에 담았다. 세 홉 정도 되었다. 두 그루 소나무 밑에 이 뼈를 모시고 돌을 세웠다.

승전과 돌해골

승전 스님의 생몰은 자세히 알 수 없으나 그 행적은 남아 있다. 승전은 신라가 삼국통일을 한 후, 당나라에 가서 법장 스님을 찾았다. 그는 스승의 미묘한 가르침과 사려로 지혜로운 안목을 일찌감치 지닐 수 있었다. 화엄경의 원리를 탐색하고 은밀한 내면을 찾아내어 오묘하고도 심오한 경지에 이르렀다. 그리고 인연 있는 곳으로 가고자 신라로 돌아왔다.

한편 법장은 의상과 함께 지엄의 따뜻한 가르침을 받았다.

그는 스승의 말글에 담긴 뜻과 그 조목들을 자세히 서술한 뒤, 승전이 고향에 돌아가는 길에 『교분기』 외 여러 책을 번역해서 보낸다는 편지를 쥐여 준다.

승전은 신라로 돌아오자마자 법장의 편지를 의상에게 전했다. 의상이 읽어 보니 마치 지엄의 가르침을 직접 듣는 것 같았다. 수십 일 동안 이를 연구했다. 그리고 제자들에게 이 글을 널리 읽히게끔 풀어쓴 내용이 의상의 전기에 실려 있다. 이 원만하고 융통한 가르침이 신라에 퍼질 수 있었던 건 승전의 덕분이었다. 그 경전은 모두 수행의 한 방편으로, 승전이 당나라에서 필사한 것이기에.

승전은 화엄학의 숨은 실력자였지만 의상과 원효에 가려 후학이 드물었다. 제자 양성의 길이 막히자 승전은 인적이 드문 금오산에 들어갔다. 거기서 칡덩굴을 엮어 절 – 김천시 남면 갈항사에 있던 – 을 짓고, 그곳에서 시름을 달랠 대안을 마련했다. 돌 80여 개를 구해다가 사람 얼굴로 빚고는 그들에게 화엄학을 설법했다. 이 돌들이 바로 촉루(髑髏)[15]이다. 지금도 몇몇 돌멩이가 남아 있는데 자못 신령스럽게 느껴진다. 승전을 따르는 사람들이 가없는 설법을 기다리다 돌이 된 듯한 모습처럼.

15 살이 썩어 없어지고 남은 뼈.

심지, 스승을 잇다

심지 스님은 신라 제41대 헌덕왕(809~826년)의 셋째아들로 앞날이 창창한 왕자였다. 어려서부터 효성과 우애가 깊고 지혜로운 성품이었다. 열다섯 살에 스승을 좇아 출가해 중악(中嶽, 팔공산)에서 승려 생활을 시작했다.

하루는 진표율사의 계법을 전해 받은 영심 스님이 속리산에서 점찰법회를 연다기에 찾아갔다. 가서 보니 끝이 나 있었다. 심지는 뜰에 주저앉아 땅을 치면서 참회했다. 그 자리에서 신도들과 예배를 했다. 이레가 지났을 때 폭설이 내리기 시작했다. 희한하게도 심지가 서 있던 둘레에는 눈이 내리지 않았다. 사람들이 신기하게 여겨 법당으로 들어오라고 했으나 심지는 병을 이유로 물러앉은 채 예배에 열중했다. 심지의 팔꿈치와 이마에서 피가 흘러내렸다. 진표 스님이 선계산에서 돌로 몸을 쳐서 수행하던 때와 같았다. 날마다 지장보살이 나타나 그를 위로했다.

법회가 끝나고 돌아가는 길이었다. 심지의 옷깃 사이에 패쪽 두 개가 끼어 있었다. 그 일을 아뢰니 영심이 말했다. "패쪽은 함 속에 있는데?"

봉해둔 함을 열어보니 패쪽이 있었다. 이상한 생각이 들어 패쪽을 겹겹이 싸서 간직했다. 심지가 다시 길을 갔다. 전과 마찬가지로 옷깃 사이에 패쪽이 끼어 있었다. 이를 말하자 영심이 말했다. "부처님의 뜻이 그대에게 있는가 보오. 그 뜻을 받들도록 하게." 영심은 패쪽을 심지에게 내주었다.

팔공산 동화사 계곡
(대구광역시 동구 도학동)
*대구 동구

심지가 패쪽을 머리에 이고 돌아오자 팔공산의 신이 두 아들과 함께 그를 맞이했다. 산마루에 있는 바위에 그를 앉혔다. 그리고는 그의 밑에 엎드린 채 공손히 계를 받았다. 심지가 말했다. "이제 좋은 땅을 가려 이 패쪽을 모시려 하네. 그대들과 함께 높은 곳에서 패쪽을 던져 좋은 자리를 알아보세."

네 사람이 산마루에 올라 서쪽을 향해 힘껏 내던지니 패쪽이 바람에 날려갔다. 신들은 패쪽을 얻은 기쁨을 노래했다. 그리고 숲속 샘가에서 그것을 찾아냈다. 그곳에다 법당을 짓고 패쪽을 모셨다. 바로 팔공산 동화사 북쪽에 있는 작은 우물이 있는 곳이다. 심지는 동화사를 처음 연 승려가 되었다.

대현과 법해

유가종(법상종)을 연 대현 법사는 남산 용장사에 살았다. 이 절엔 장륙석상이 있었다. 대현이 그 주위를 돌면 돌부처가 따라 얼굴을 돌렸다고 한다. 법상종의 법전은 뜻과 이치가 그윽하고 깊어 해석하기가 어려웠다. 명사 백거이도 다 알지 못해 이렇게 말했다. "법전의 뜻이 오묘하여 알기 어렵고, 사물의 옳고 그름을 논하는 인명(因明)[16]은 낱낱이 따져 봐도 잘 잡히질 않아. 대현은 그 잘못된 것을 바로잡고 빠른 시간에 그윽하고 깊은 뜻을 터득하여 남다른 경지에 이르렀네. 그러니 동방의 후학들이 그의 가르침을 따르고, 당나라의 학사들도 간혹 이것을 얻어 안목으로 삼았던 게야."

753년, 경덕왕 때 날이 오래 가물었다. 대현 법사를 대궐로 불러들여 금광경을 강론하며 단비가 내리기를 기원했다. 바라

16 고대 인도에서 성립된 논리학으로, 사물의 옳음과 그름을 고찰하고 논증하는 학문.

를 열어 놓고 한참 있었으나 공양하는 이가 정화수를 늦게 올리므로 감리가 꾸짖었다. 공양하는 이가 말했다. "대궐에 우물이 말랐기에 먼 데서 떠오느라 늦었습니다." 대현이 받아쳤다. "왜 진작 그 말을 하지 않았는가?"

다음 날 강론할 때 대현은 향로를 받든 채 잠자코 있었다. 잠시 사이에 우물물의 높이가 일곱 길이나 치솟았다. 대궐 사람들이 모두 놀라 그 우물을 금광정(金光井)이라 했다.

이듬해였다. 이번에는 법해 법사를 황룡사로 모셔 화엄경을 강론토록 하고, 왕이 친히 향을 피우고 말했다. "지난여름 대현 법사는 금광경을 강론하여 우물물을 일곱 길이나 솟아 나오게 했소. 그대의 법력은 어떠하오?" 법해가 아뢰었다. "그 정돌 갖고 뭘 그러십니까? 소승은 바다를 기울여서 동악(토함산)을 잠기게 하고 월성을 떠내려가게 할 수도 있습니다."

왕은 넉살 좋게 농을 하는 줄로만 여겼다. 한낮에 법사가 강론했다. 어디선가 우는 소리가 나더니 궁리가 달려와 아뢰었다. "동쪽 연못이 넘쳐서 내전 쉰여 칸이 떠내려갔습니다!" 왕이 어쩔 줄 몰라 하니 법해가 웃으면서 말했다. "동해를 기울이려고 수맥을 먼저 불린 것뿐입니다."

왕은 법사 앞에 엎드려 절을 했다. 이튿날 감은사에서 전해오기를, 어제 한낮에 바닷물이 넘쳐흘러서 법당 앞까지 밀려왔다가 저녁에 물러갔다는 거였다. 이후로 왕은 온전히 법사를 믿고 따랐다고 한다.

밀본, 귀신을 쫓다

밀본 법사는 금곡사(金谷寺)에서 살았다. 김유신과 친했는데 사람들은 밀본이라는 이름조차 몰랐다.

김유신의 친척인 수천이 중병을 앓았을 때다. 유신이 법사를 보내 진찰하도록 했다. 때마침 수천의 친구인 인혜 스님이 치료하고 있었다. 인혜 스님이 법사를 깔보며 말했다. "자네의 몰골을 보니 순전히 아첨꾼이군. 무슨 재주로 이 병을 고치겠는가? 내 신통력이나 구경하게." 인혜는 향을 피운 뒤 주문을 외웠다. 오색구름이 맴돌고 하늘에서 꽃잎이 떨어졌다. 밀본 법사가 말했다. "훌륭하십니다. 소승도 변변치 못한 염력을 시험하고 싶습니다. 제 앞에 잠깐 서 계시겠습니까?" 법사가 손가락을 튕기니 인혜가 공중으로 올라가더니 거꾸로 말뚝처럼 땅에 처박혔다. 법사는 그대로 나가버렸다. 인혜 스님은 물구나무를 선 채 밤새야 했다. 어쩔 수 없이 수천이 김유신에게 알려왔다. 그제야 법사는 신통력으로 인혜 스님을 풀어주었다.

한때 선덕여왕의 병이 낫지를 않았다. 흥륜사의 법척 스님이 치료해도 소용이 없었다. 밀본 법사를 모셔 와야 했다. 법사는 왕의 침상에 가까이 가지도 않고 바깥에서 약사경(藥師經)[17]을 읽었다. 이때 법사의 지팡이가 침실로 날아갔다. 늙은 여우 한 마리와 법척 스님이 지팡이에 찔려 밖으로 내던져졌다. 왕의 병이 씻은 듯이 나았다. 법사의 머리 위로 오색영롱한 빛이 비쳤다.

이번에는 승상 김양도가 어릴 적에 겪은 일이다. 갑자기 입이 붙고 몸이 뻣뻣해져 손발을 못 쓰게 되었다. 큰 귀신이 작은 귀신을 데리고 집안의 음식을 죄다 맛보고 있었다. 양도의 아버지가 한 스님을 모셔다 경을 외우게 했다. 그러자 작은 귀신이 쇠망치로 머리를 때려 스님이 피를 토하고 죽었다. 할 수 없이 밀본 거사를 모셔오겠다고 하니 작은 귀신이 말했다. "달아나는 게 상책입니다." 큰 귀신이 대답했다. "내가 있는데 별일이 있겠느냐?"

웬걸, 갑옷을 입은 대력신(大力神)이 창을 들고 와서 두 귀신을 잡아갔다. 천신의 호위 속에서 밀본 법사가 도착하니 양도의 병이 말끔히 나았다. 그 뒤로 김양도는 불교 신자가 되어

---

17 불교의 약사여래 신앙에서의 근본 경전. 이 경은 약사여래가 동방에 불국토를 건설하여 중생의 질병을 치유하겠다고 서원(誓願)한 내용이다.

홍륜사의 미타존상과 좌우 보살상을 만들고, 금당벽화까지 그렸다.

용을 물리친 혜통

경주 남산에 살던 한 아이는 늘 배가 고팠다. 한날은 냇가에서 잡은 수달을 구워 먹고 뼈를 버렸다. 이튿날 그 뼈가 사라졌다. 핏자국을 따라가 보니 뼈가 굴속에서 제 새끼를 감싸고 있었다. 그 길로 아이는 승려가 되었다. 그가 혜통 국사다.

혜통이 당나라의 삼장법사를 찾아갔으나 오랑캐라며 받아주질 않았다. 혜통이 시중들며 3년을 버텼으나 허사였다. 어디 보자, 하며 혜통이 머리 위에 화로를 이고 있었다. 펑, 소리와 함께 정수리가 터졌다. 삼장법사가 달려와 주문을 외우며 어루만졌다. 상처가 아물었다. 혜통의 머리에는 그 흉터가 왕(王)자로 남았다. 삼장법사는 그를 왕 화상(王和尙)이라 부르며 제자로 받아들였다.

그즈음 당나라 고종의 공주가 병이 났다. 삼장은 자기 대신에 왕 화상을 보냈다. 왕 화상이 흰 콩 한 말을 은그릇에 넣고 주문을 외웠다. 그 콩이 흰 갑옷을 입은 병사로 변하고, 병사들이 병마와 싸웠으나 지고 말았다. 다시 검은 콩 한 말을 금그릇에 넣어 주문을 외우니 검은 신병이 나왔다. 병사들이 힘을 합쳐 병마(독룡)를 내쫓았다. 공주의 병이 말끔히 나았다.

독룡은 신라 문잉림(文仍林)[18]으로 달아났다. 정공의 요청으로, 당나라에서 귀국한 왕 화상이 사람을 해치던 독룡을 쫓아냈다. 용은 정공의 집 앞 버드나무로 변신해 있었다. 마침 효소왕이 미리 능을 만들려고 길을 내는데, 그 나무가 걸리적거렸다. 왕이 베어내려 했으나 정공이 그 나무는 죽어도 안 된다고 버텼다. 왕은 정공이 왕 화상을 믿고 역모를 꾸민다고 믿었다. 그의 목을 베고 집을 파묻었다. 화상에겐 혐의를 씌워 잡아 오도록 명령했다.

왕 화상은 왕망사의 지붕 위로 올라갔다. 붓에다 붉은 먹을 찍어 병목에다 한 획을 그었다. 그러자 병사들의 목에 붉은 붓 자국이 생겨났다. 왕 화상이 말했다. "이 병목을 자르면 너희의 목도 잘린다."

병사들이 달려가 왕에게 자신들의 목에 그어진 붓 자국을 보여줬다. 신통력을 두려워한 왕은 왕 화상을 살려줘야 했다. 왕 화상이 말했다. "정공은 죄 없이 처벌받았습니다."

왕은 정공의 처자에겐 죄를 사하고 왕 화상을 국사에 임명했

18 인도의 아소카왕이 보낸 황철로 장륙존상을 만든 곳.

다. 왕 화상은 기장산에 숨어 살던 독룡을 찾아 불살계(不殺戒)를 주었다. 그 뒤로 용은 '착하게 살자'를 다짐하며 살았다고 한다.

명랑의 신인종

명랑법사는 선덕여왕 때의 승려다. 아버지는 사간 재량이요, 어머니는 소판 무림의 딸로 자장 법사의 누이동생이다. 큰아들은 나중에 국교 대덕이 되고, 둘째 아들은 의안 대덕이 되었다. 막내가 바로 명랑 법사다. 푸른빛이 나는 구슬을 삼키는 태몽을 꾸고 낳았다. '금수저를 물고 태어난 아이'라 하겠다.

법사가 당나라에서 도를 닦고 오는 길이었다. 바다용이 나타나 용궁으로 가자는 거였다. 법사는 용궁에 들어가서 당나라에서 배운 비법을 전했다. 그 대가로 용왕에게 황금 천 근을 보시받았다. 바다에서 나올 때는 땅 밑으로 잠행해서 자기의 집 우물을 통해 나왔다. 신통력을 보여준 것이다. 나중에 속세의 집을 희사하여 절을 만들고, 금을 녹여 탑과 불상을 꾸민 다음 금광사라 이름 지었다.

668년에 신라와 함께 고구려를 멸망시킨 다음, 당나라 이적의 군대가 백제 땅에 머물렀다. 사람들이 그 의도를 알고 당나라 군사들을 몰아냈다. 당 고종이 화가 나 설방에게 신라를 칠 것을 명령했다.

당나라 군사들이 바다를 건너오고 있었다. 문무왕은 급히 명랑 법사를 모셨다. 명랑은 열두 명의 유가승을 초청해 천막 절을 지었다. 밤새 문두루 비법을 외우며 당 군사가 물러갈 것을 염원했다. 백성들이 함께 주문을 외웠다. 아우성이 웅웅, 파도를 일으켰다. 때아닌 태풍이 몰려와서 당 군사가 수장되었다.

왕실의 지원으로 명랑 법사는 사천왕사를 세우고 종파를 넓혀갔다. 그리고 신인종 – '신인(神印)'은 범어 '문두루(文豆婁)'의 번역 – 의 시조가 되었다. 왕건이 고려를 세울 무렵, 앞장서서 해적을 물리친 광학과 대연 법사가 신인종의 승려였다.

5부

문 열어라 꽃아 문 열어라 꽃아

5부

문 열어라 꽃아 문 열어라 꽃아

선도산의 성모

신라 제26대 진평왕(579~632년) 때다. 안흥사의 지혜 스님이 불전을 수리하려 했으나 재원이 부족했다. 어느 날 꿈에 선도산의 성모가 나타났다. "지혜야, 기특하구나! 지금 내가 있는 자리 밑을 파보면 금 열 근이 나올 거다."

다음 날, 꿈에서 본 그 자리를 파 보니 황금이 나왔다. 지혜는 그 금을 팔아 불전을 수리했다.

선도산 성모는 본래 북방 황실의 딸로, 이름이 사소(娑蘇)다. 일찍이 신선술을 배워 신라에 왔다. 한날은 황제가 솔개의 발에 편지를 매달아 보냈다. '이 솔개가 앉은 자리를 집으로 삼아라.' 솔개가 마침 선도산에 앉았으므로 사소는 지선(地仙)이 되

었다. 그리고 산 이름을 서연산(西鳶山)이라 했다. 성모는 이곳에서 나라를 지켰다. 서연산에서 신이한 일이 자주 일어났다. 훗날 사람들이 성모를 사당에 모셨다. 신라 3대 사당의 하나다.

경주 서악동에는 성모사 유허비가 전해온다. 신모가 처음 진한에 와서 성자를 낳고, 그가 첫 임금인 박혁거세를 낳았다는. 그리고 알영(왕비)이 태어난 계룡이나, 김알지가 나타난 계림이 신라의 서쪽에 있다고 서악(선도산)이라 불렀다. 선도산의 성모 설화는 박혁거세의 생모인 사소가 북방에서 경주로 와서 박혁거세를 낳아 길렀다는 이야기로 되어 있다. 하늘에서 내려온 말이 알을 낳고, 그 알에서 혁거세가 났다는 난생설화도 이

황룡사지(경주시 구황동)에서 바라본 선도산

이야기에서 나왔다.

서정주 시인은 성모 마리아처럼 처녀 잉태한 사소가 서라벌(신라)로 오기 전, 꽃밭에서 한 독백을 시로 형상화했다.

> (상략) 꽃아, 아침마다 개벽하는 꽃아./ 네가 좋기는 제일 좋아도,/ 물 낯바닥에 얼굴이나 비취는/ 헤엄도 모르는 아이와 같이/ 나는 네 닫힌 문에 기대섰을 뿐이다.// 문 열어라 꽃아, 문 열어라 꽃아/ 벼락과 해일만이 길일지라도/ 문 열어라 꽃아, 문 열어라 꽃아.
>
> - 서정주, 「꽃밭의 독백-사소단장(娑蘇斷章)」

욱면의 승천

신라 제35대 경덕왕(742~765년) 때 강주(지금의 진주)에서 있었던 일이다.

아간(阿干)[1] 귀진에게는 욱면이라는 계집종이 있었다. 벼슬아치들이 사후에 극락 가려고 미타사를 세우고 만일 기도를 하고 있었다. 주인을 따라 절에 온 욱면은 법당에 못 들어가고 뜰에 서서 염불을 했다. 주인은 집안일을 해야 할 종이 절까지 따라오니 남들 보기에 체면이 서질 않았다. 절에 못 오게 할 심산으로, 하루는 곡식 두 섬을 내주곤 하룻저녁에 찧으라고 했다. 그런데 욱면이 초저녁에 다 찧고 절에 오는 거였다.

"이년아! 이 미타사에서 네가 무슨 염불이냐." 귀진이 불호령을 내렸다. 욱면은 그래도 염불이 하고 싶다고 했다. 주인이 안 내려가면 밥을 굶길 거라고 위협해도 조금만 더 하고 간다며 사정을 했다. 당시에 염불은 스님과 지체 높으신 사람들만 할 수 있었다.

욱면이 애원했다. "염불을 왜 아무나 하면 안 되죠?" 주인이 호령했다. "이 눈치 없는 년, 당장 내려가!"

욱면은 악착같이 염불을 했다. 신도들이 기분을 잡쳐 기도

---

1 신라의 17관등 중 여섯 번째 해당하는 벼슬.

중에 집으로 돌아가는 일도 있었다. 욱면은 서서 기도하다가 졸리면 몸을 흔들어 깨우면서 염불을 외웠다. 정신이 혼미해지자 뜰 양쪽에 말뚝을 세우고는 두 손바닥을 뚫어 노끈으로 꿰었다. 그 끈을 다시 말뚝에 매고 합장, 몸을 흔들면서 정진했다. 손바닥에선 피가 뚝뚝 흘렀다. 이때 하늘에서 아미타불의 소리가 들려왔다. "욱면아, 법당에 들어가서 해라." 욱면이 대답했다. "아직은 제 정성이 모자라서 법당에서 기도할 수 없습니다. 주인께선 제가 지체 높으신 분들과 같이 염불하는 걸 싫어하시고 저는 종이라서 그 말씀을 들어야 합니다, 나무관세음보살." "정신 차리고 법당에 들지 않으면 얼어 죽어." 법당 안의 스님들이 아미타불의 말씀을 듣고서야 욱면을 법당 안에 들였다.

얼마 안 되어 서쪽 하늘에서 음악이 들려왔다. 순간, 욱면의 몸이 솟구치더니 대들보를 뚫고 솟아올랐다. 욱면이 서쪽으로 날아갔다. 인근 숲에 이르러 육신을 내버리더니 큰 빛을 내뿜으면서 입적했다. 합장한 모습 그대로였다. 계집종이 부처가 되는 순간이었다.

욱면의 육신이 떨어진 자리에는 보리사(菩提寺)가 들어섰다. 신도들이 수없이 몰려들었다.

욱면의 전설이 깃든 미타사 (진주시 진성면) 대웅전 *진주시

광덕과 엄장

신라 제30대 문무왕(661~681년) 때 광덕과 엄장이라는 두 승려가 있었다. 광덕은 경주에 있는 분황사 서쪽 마을에서 짚신을 만들면서 아내와 함께 살았다. 엄장은 남악에서 농사지으며 혼자 살았다. 둘은 사이가 두터워서 누구든 먼저 극락 가는 사람이 뒷사람에게 알려주기로 했다. 엄장이 먼저 죽으면 그의 땅을 광덕이 갖기로 했다. 광덕이 먼저 죽는다면, 엄장이 광덕의 아내와 함께 살기로 약속했다.

해그림자가 붉고 소나무 그늘이 고요히 내리는 날, 창밖에서 광덕의 목소리가 들려왔다. "난 이미 서방극락에 갔으니 그댄 잘 있다가 오게."

엄장이 문을 여니 구름 위에서 풍악 소리가 들리며 밝은 빛이 땅까지 뻗쳤다. 이튿날 찾아가 보니 광덕이 죽어있었다. 엄장은 광덕을 장사지내고 그의 아내에게 말했다. "남편이 죽었으니 이제 우린 같이 살아야 합니다. 생전에 그렇게 약속했습니다." 그의 아내가 대답했다. "네, 그러지요." 엄장은 그날로 광덕의 집에 들어갔다.

한날 밤, 엄장이 광억의 아내에게 같이 자자고 했다. 아내가 말을 했다. "스님이 서방정토에 나신다는 건 마치 나무 위에 올라가 물고기를 잡는 격입니다." 엄장이 받아쳤다. "광덕도 그랬을 텐데 난 왜 안 되는지요?" 아내가 말을 이었다. "남편과 10년을 살았지만 우린 한 번도 같이 잔 적이 없습니다. 지금 와서 그렇게 할 이유가 있겠는지요? 남편은 매일 가부좌한 채 아미타불을 염하며 정진했습니다. 달빛이 창틈으로 들어오면 그 위에 올라앉아 지성으로 공부하다가 서방정토로 갔답니다. 천릿길을 가는 사람은 첫걸음부터 알 수 있다지요. 스님은 동쪽으로는 갈 수 있을지 모르나 서방으로는 못 갈 것 같네요."

엄장은 톡톡히 망신당하고는 그 길로 원효 스님을 찾아갔다. 원효는 엄장에게 세상 사는 이치를 꿰뚫는 정관법(靜觀法)[2]을 가르쳐주었다. 엄장은 이때부터 정진하여 광덕처럼 서방정토에 거듭날 수 있었다. 광덕이 지은 「원왕생가(願往生歌)」가 향가로 남아 있다.

> 달아 달아 이제/ 서방정토까지 가나/ 가거든 아미타불 앞에/ 내 말 좀 전해다오/ 다짐 깊으신 부처님께/ 우러러 두 손 모아/ 원왕생 원왕생/ 그리워하는 이 있다고/ 이 몸 여기 남겨두고/ 마흔여덟 가지 원 어찌 이룰까.

---

2 현상계 속에 있는 불변의 본체적·이념적인 것을 심안(心眼)에 비추어 바라보는 수행법.

경흥과 문수보살

경흥 법사는 웅천주(지금의 공주) 사람이었다. 열여덟 살에 승려가 되어 이름을 날렸다.

681년에 문무왕은 하직할 때 태자에게 뒷일을 부탁했다. "경흥 법사를 국사로 모시는 걸 잊지 마라." 신문왕은 선왕의 유언대로 경흥을 국사로 책봉하고 삼랑사에 살게 했다.

얼마 후 경흥 국사는 한 달 넘게 앓아누웠다. 한 여승이 찾아와서 말했다. "스님의 병은 근심으로 생겼으니 계속 웃으면 낫습니다." 여승은 곧 우스꽝스러운 가면을 썼다. 경흥이 보니 좀 우스웠다. 그래서 웃었다. 여승이 두 번째 가면을 쓰고 엉덩춤을 추었다. 야릇했지만 또 웃었다. 세 번째로 병신춤을 춰도 웃고, 네댓 번과 여섯 번째 지랄에도 또 웃었다. 일곱 번째엔 여승이 옷을 벗는 거였다. 그래도 웃을밖에. 여덟 번째 이불을 펼 때도 웃었다. 아홉 번째는 여승이 유혹하니 경흥은 옷을 벗으면서도 웃었다. 열 번째론 등불을 켜고 동침하자고 하니 이불 속에 들면서도 웃었다. 열한 번째는 알몸으로 여승을 껴안은 채 웃다가 턱이 빠졌으나 거짓말처럼 병이 나았다. 경흥이 가면을 벗기려 하자 여승이 남항사로 내뺐다. 하룻밤 연분으로는 성이 차지 않아 경흥은 뒤따라 갔다. 여승이 보이지 않아 십일면보살상이 그려진 탱화 앞에 선다. 그곳에 지팡이가 있었고, 그 옆엔 열한 개의 가면이 놓여 있었다. 경흥은 그제야 여승이 관음보살이었음을 알았다.

한날은 경흥이 대궐에 가려고 시종들이 채비를 했다. 말안장과 신과 갓이 화려하니 행인들이 알아서 길을 비켰다. 한 거사가 지팡이를 짚고 광주리를 진 채 하마대(下馬臺)에서 쉬고 있었다. 광주리에는 마른 물고기가 들어있었다. 경흥의 시종이 꾸짖었다. "중이 어찌 부정한 걸 지고 있느냐?" 거사가 말했다. "다리 사이에 산짐승을 끼고 있는 놈보단 낫지." 하곤 사라지는 거였다. 경흥이 사람을 시켜 뒤쫓았더니 문수사에 이르러 거사가 숨어버렸다. 거사의 지팡이가 문수보살상 앞에 있었고, 마른 물고기가 보였다. 자세히 보니 소나무 껍질이었다. 경흥은 "문수보살님이 내가 말 타는 것을 경계하셨구나" 하고 탄식했다. 다시는 말을 타지 않았다.

일찍이 미륵보살이 말했다.

'말을 탄 중은 부처를 못 보게 할 것이니라.'

진신 공양

692년, 효소왕(신라 제32대 임금, 692~702년)이 즉위하여 망덕사를 세웠다. 755년 경덕왕(제35대 임금, 742~765년) 때 망덕사의 탑이 흔들리더니 '안녹산의 난'[3]이 일어났다. 신라 사람들이 말했다. '당나라 황실을 위하여 절을 세웠으니 마땅히 그 영험이 있을 것이다.'

699년, 효소왕 때 망덕사에서 낙성회를 열었다. 왕이 친히 공양하는데 한 비구가 거지 차림을 하고 함께하기를 청했다. "이 부덕한 중한테도 한자리 주십시오." 왕이 허락하여 그를 맨 끝자리에 앉게 했다.

공양이 끝나자 왕이 말했다. "그댄 어디에 사는가?" 비구가 대답했다. "비파암에 삽니다." 왕이 말했다. "돌아가거든 다른 사람한테 국왕이 불공하는 재에 참석했다고 말하지 말게." 비구는 웃으면서 말했다. "대왕께서도 역시 다른 사람들에게 진신 석가와 공양했다고 말하지 마십시오." 그리고 비구는 하늘로 몸을 솟구쳐 남쪽으로 갔다.

왕이 놀랍고 부끄러워 동쪽 언덕에 올라가 그가 간 곳을 향해 절했다. 사람을 시켜 찾았으나 비구는 남산 삼성곡이라는

---

3 755년, 당나라 현종 때 절도사 안녹산(安祿山)이 일으킨 반란.

바위에 이르러 지팡이와 바리때를 놓고 숨어버렸다. 사자가 다녀와서 아뢰자 왕은 비파암 밑에 석가사를 세웠다. 비구의 자취가 없어진 곳에 불무사(佛無寺)를 세우고, 지팡이와 바리때를 두 곳에 나누어 간직했다.

옛날 삼장법사의 일화가 떠오른다. 법사가 일왕사에 가니 큰 잔치가 열리고 있었다. 문지기가 그의 누더기 차림을 보고는 들여보내지 않았다. 몇 번이고 들어가려 했으나 옷이 추레하다고 들어오지 못하게 한 것이다. 그가 방편을 써서 좋은 옷을 빌려 입고 가니 문지기가 들어가게 했다. 법사는 그 자리에서 좋은 음식을 얻어 옷에게 바쳤다. 사람들이 물었다. "어찌해서 그렇게 하는가?" 법사가 대답했다. "내가 여러 번 와도 그때마다 못 들어왔소. 좋은 옷을 입고 오니 이 자리에서 맛있는 음식을 얻어먹게 되었으니 마땅히 옷에게 먼저 음식을 올려야지요."

부처의 눈에는 부처가 보이고 돼지의 눈에는 돼지가 보인다고 했다. 측천무후(則天武后)[4]에게 인정받고 거만해진 효소왕이 눈앞의 부처를 보지 못한 이야기다.

---

4 당나라 고종의 비로 들어와, 주나라를 세우고 황제가 된 인물. 나라를 40년 이상 실질적으로 통치했다.

월명사의 도솔가

760년 음력 사월 초하룻날, 신라에 변괴가 일어난다. 제8대 아달라왕(154~184년) 때는 하늘에서 해와 달이 사라지는 일이 있었다. 제35대 경덕왕(742~765년) 때는 두 개의 해가 열흘 동안 나란히 떠 있었다.

일관이 왕에게 긴히 아뢰었다. "인연 있는 법사를 모셔 와서 산화가(散花歌)[5]를 부르면 재앙이 사라질 것입니다."

이에 조원전의 단을 깨끗이 씻고 왕은 청양루에 친히 나가 기다렸다. 마침 월명사(月明師)가 두렁길을 걷고 있었다. 왕은 사람을 시켜 그를 불렀다. 그리고는 기도문을 짓게 했다. 월명사가 아뢰었다. "소승은 국선(대표화랑)의 무리라 향가는 좀 합니다." 왕이 말했다. "인연이 닿았으니 뭐든 한 곡 지어 불러주시오."

월명사는 「도솔가(兜率歌)」[6]를 지어 바쳤다.

---

5 월명사가 지은 향가. 재식(齋食)에 부르는 노래로 도솔가와 함께 불렀다고 한다. 그 내용은 전하지 않는다.

6 유리왕 때 지은 노래는 우리나라 가악(歌樂)의 시초로 작자와 연대는 미상이며 전하지 않는다. 또 경덕왕 때 월명사가 지은 사구체의 향가가 있다. 여기서는 후자를 가리킨다.

어제도 오늘도 산화가를 부르며/ 푸른 구름에 복숭아꽃 편지 띄워/ 정중한 이 마음을 다해 빌고 비나니/ 도솔대선이시여 이 변괴를 물리치소서.

거짓말처럼 해의 변괴가 사라졌다. 왕이 이를 가상하게 여겨 선물로 차와 수정 염주를 준비했다. 그런데 말끔하게 생긴 한 동자가 서문에서 나타나 선물을 받는 거였다. 왕이 기이하게 여겨 사람을 시켜 동자의 뒤를 쫓았다. 동자는 탑 속에 숨어버리고, 차와 염주는 미륵상 벽화 앞에 놓여 있었다. 동자는 미륵보살의 현신이었다.

선율의 환생

망덕사의 승려 선율은 반야경을 베껴 쓰며 정진하던 중 저승사자한테 잡혀간다. 명부에서 염라대왕이 물었다. "자넨 무슨 일을 하다가 왔느냐?" 선율이 아뢰었다. "소승은 늘그막에 대품반야경을 완성하려고 했으나 끝내지 못하고 왔습니다." 염라대왕이 말했다. "비록 자네의 수명은 다했으나 소망을 이루지 못했으니 이승으로 돌아가 불전을 끝마치는 게 좋겠구나. 일을 다 하고 다시 오너라." 그러고는 선율을 이승으로 돌려보냈다.

저승에서 이승을 빠져나오는 길에 한 여인이 선율 앞에 엎드려 울면서 말했다. "저는 신라 사람입니다. 부모님이 금강사의 논을 훔친 죄에 연루되어 이렇게 잡혀 와서 벌 받고 있습니다. 이승에 가시거든 이 사실을 말씀드려 빨리 그 논을 주인에게 돌려주도록 해주십시오. 저는 이승에 살 때 참기름을 잠자리 아래 숨기고, 곱게 짠 베를 이불 사이에 감추어 두었습니다. 제가 훔친 기름으로 등불을 켜서 그 베를 찾으십시오. 그걸 팔아서 불경 만드는 비용으로 쓰시면 됩니다. 그렇게 해주신다면 그 공덕으로 이 괴로움에서 벗어날 수 있을 것입니다." "그대의 집은 어디에 있는가?" "사량부 구원사의 서남리에 있습니다."

무덤에 당도한 선율이 지상으로 나가게 해달라며 사흘을 부르짖었다. 마침 목동이 염소를 몰고 선율의 무덤 쪽으로 오고 있었다. 염소가 갑자기 무덤을 들이받았다. 목동이 그곳을 파헤쳐 보니 무덤 속에서 선율이 살아나왔다. 이때는 선율이 죽은 지 열흘이 되던 날이었다. 선율은 그간의 일을 말하고는 여인의 집으로 갔다. 여인이 죽은 지 15년이 지났는데도 참기름과 베는 그대로 있었다. 부모는 죽어 뼈만 남아 있었다. 나무 관세음보살. 선율은 여인의 말대로 하곤 명복을 빌었다. 그러자 여자의 혼이 나타났다. "저는 이 황천에서 스님의 은혜를 입고 괴로움에서 벗어났습니다."

사람들이 이 이야기를 듣고 감탄하여 선율을 도와 경전을 완성했다. 경전은 승사서고 안에 간직되어 있다. 매년 봄가을에 승려들이 이 경전을 읽으며 재앙이 물러가기를 빌었다고 한다.

호랑이를 감화시킨 김현

신라 제38대 원성왕(785~798년) 때다. 김현은 흥륜사에서 밤늦도록 탑을 돌았다. 한 낭자가 탑돌이를 하다가 눈이 맞았다. 둘은 이내 정을 통했다.

김현은 숲속에 있는 낭자의 움막까지 따라갔다. 거기엔 할머니가 살고 있었다. 낭자가 자초지종을 말하자 할머니가 말했다. "이미 저지른 일이니 우선 몸을 숨겨줘라."

잠시 후, 범 세 마리가 사람의 비린내를 맡고 집으로 돌아왔다. 하늘에서 소리가 들렸다. "너희가 사람을 해치니 하나를 죽여 경계하겠노라." 범들이 벌벌 떨자 낭자가 말했다. "오빠들이 멀리 달아난다면 제가 대신 벌을 받을게요." 범들은 꼬리가 떨어져라 흔들며 달아났다.

낭자가 말했다. "우린 부부의 연을 맺었어요. 오빠들이 저지른 죗값을 제가 대신 받으렵니다. 부디 낭군의 칼에 죽어서 은덕을 갚을 수 있다면 좋겠습니다. 내일 마을에서 제가 사람들을 해치면 임금께서 벼슬을 걸고 저를 잡도록 하겠습니다. 성 북쪽 숲으로 오시면 기다리고 있겠습니다."

김현이 말했다. "어찌 사랑하는 이의 목숨을 팔아 벼슬을 하겠소." "제가 죽는 건 하늘의 명이며 제 소원입니다. 또한 낭군의 경사며, 우리 종족의 복덕이요, 사람들의 기쁨입니다. 한 번 죽어 다섯 가지 이로움을 얻는데 어찌 망설이십니까? 다만 절을 지어 제게 좋은 과보를 얻게 해주신다면 더 큰 은혜가 없겠습니다." 둘은 울면서 헤어졌다.

다음 날, 범이 사람들을 해치니 원성왕이 명을 내렸다. '범을 잡는 사람에게 벼슬을 주겠노라.' 김현이 나아가니 왕은 벼슬을 주고 격려를 했다. 김현은 곧장 숲으로 갔다. 낭자가 그를 맞이하며 말했다. "낭군과 맺은 우리의 정 결코 잊지 않겠어요. 제 발톱에 다친 사람들은 흥륜사의 간장을 바르면 나을 거예요." 낭자는 김현의 칼로 저를 찔렀다.

김현은 벼슬에 오르자 낭자의 부탁대로 서천가에 호원사(虎願寺)를 지었다. 불경을 강론하여 범의 저승길을 돕고, 자기를 성공하게 해준 은혜에 보답한 것이다.

혜성가의 위력

"융천사여! 이 난리를 막아주시오."

607년에 살별[7]이 심대성(心大星)[8] 쪽으로 다가가자 진평왕이 하소연을 했다. 때는 초가을, 거열랑과 실처랑, 보동랑이 화랑을 이끌고 풍악산으로 단풍놀이를 떠나던 길이었다. 꼬리를 길게 뻗친 살별이 심대성에 부딪치기 직전이었다. 궁궐과 여염에선 탄식이 터져 나왔다.

"살별이 심대성을 집어삼킨다." "나라에 변괴가 생길 조짐이다." "지진이 날지도 몰라." "물난리가 날 거다." "왕실에 무슨 좋지 못한 일이 생기거나, 날이 가물어 흉년이 올 게 분명하다."

민심이 요동치듯 여우처럼 꼬리를 흔드는 살별. 과연 무슨 변괴가 생기려나? 내란이나 외환이 생기려나? 화랑의 세 무리는 갑작스럽게 나타난 살별의 좋지 않은 징조에 발걸음을 돌렸다. 궁궐에선 초조해하는 왕 앞에서 융천사가 「혜성가(彗星歌)」(향가)를 지었다.

---

7 혜성을 말하며 여기서는 왜군을 상징한다.

8 하늘의 임금별을 말하며 신라를 상징한다.

옛날 동해 바닷가의 신기루를 보고/ 왜군이 쳐들어 왔다고 봉화 올린 변방이 있어라/ 세 화랑 풍악산 유람 가니 달은 등불을 켜고/ 별은 긴 꼬리 달고 길을 밝히는데/ 그 별을 보고 살별이라 말한 사람 있어라/ 아아, 달은 저 아래로 떠내려갔는데/ 보라, 여기 혜성이 어디 있느냐

융천사가 노래하자 살별이 사라졌다. 때마침 쳐들어온 왜군이 여의치 못해 돌아가니 나라의 위기는 되레 경사가 되었다. 위기를 슬기로 극복해낸 진평왕은 기쁜 나머지 낭도들을 다시 풍악산으로 유람을 보냈다.

벌거벗은 스님

신라 애장왕(800~809년) 때의 일이다. 알몸으로 여인을 껴안고 눈길을 내달려간 스님에게 상을 줘야 한다는 백성들의 소리가 들려왔다. 그게 나랏일만큼 중한가, 하며 주저하는 어린 애장왕 앞에 섭정하던 숙부인 김언승이 나섰다. "눈밭에서 아기를 낳고 죽을 뻔했다가 살아난 그 여인을 불러오너라."

대궐에 나타난 여인은 스물두 살 난 거지였다. 여인이 자초

지종을 아뢰었다. "천엄사로 가던 길에 배가 아팠습니다. 날은 저물고, 사방 분간이 안 되는 눈보라에 쓰러졌는데, 아기가 나오지 뭡니까. 눈앞에 천엄사를 두고 아기를 낳다가 제가 기절한 모양입니다. 한 스님이 승복을 벗어 제 몸을 감싸주고 아기를 어르다가는 제가 깨어나자 뛰어가셨어요, 벌거벗은 채로."

이 스님이 황룡사에 머무르던 정수 법사다. 삼랑사에서 일을 보고 새벽에 돌아가던 중에 눈길에 얼어붙은 산모를 발견했다. 가까운 천엄사의 문을 두드렸지만 열어주질 않았다. 사람이 죽어간다고 길길이 소리쳐도 꽉 잠긴 문은 요지부동이었다. 여염에선 흉한 소문이 돌았다. 김언승이 수렴청정하니 민심이 변하고 절 인심도 얼어붙었다는 것이다. 누가 곁에 오면 재산을 빼앗는 줄 알 만큼 인심이 흉흉했다. 임금이 와도 모른 척할 판이었으니 길손이 문을 두들긴들 반길 리가 없었다. 정수 법사는 그냥 지나갈 수가 없었다. 꽁꽁 언 산모와 아기에게 자신의 승복을 벗어 덮어주고, 살을 비벼 모자를 살린 것이다.

애장왕은 소문이 퍼진 다음에야 알았다. 하늘에서 말씀이 들려왔다. "왕은 당장 정수 법사를 스승으로 모셔라."

왕은 정수 법사를 국사에 봉하려고 차림새와 격식을 갖추었다. 김언승이 나서서 가마로 법사를 모셔왔다. 법사는 다 떨어진 옷을 기워 입고 왔다. 그 뒤로 여인은 기도하러 천엄사로 들어가고, 정수 법사는 국사로 책봉됐다.

구름을 타고 다닌 낭지

삽량주(양산) 영취산에 낭지 스님이 있었다. 암자에서 법화경을 설하고 신통력이 있었지만, 사람들은 그가 누군지는 몰랐다. 하루는 지통이라는 어린 중이 까마귀의 속삭임을 듣는다. 지통은 까마귀의 전언-영취산에 가서 낭지의 제자가 되라-을 알아듣고 그 산을 오르다가 한 거지를 만난다. 거지는 지통에게 계(戒)를 주고 사라진다. 지통은 그가 보현보살임을 알고 그 후 깨달음을 얻는다.

지통은 그 산에서 만난 한 스님에게 물었다. "낭지 스님은 어디 계십니까?" 스님이 되물었다. "낭지는 왜 찾느냐?" "까마귀가 만나 뵈라고 합디다." "내가 낭지인데 좀 전에 까마귀가 이르더라. 산을 내려가 거룩한 이를 맞이하라더군. 까마귀가 널 오게 했고 내가 널 맞이하니 우리의 인연이 복되구나."

지통은 낭지에게 귀의했다. 낭지가 계를 주려 하자 동구나무 아래서 이미 보현보살의 계를 받았다고 했다. "그분의 계를 친히 받았다고? 난 밤낮 정진하며 염원해도 여태 맹탕이었는데 그 나이에 계를 받다니. 난 뭐지?" 낭지는 지통 앞에 엎디어 예를 표했다. 지통이 영취산에 온 것이 661년이니 문무왕 원년이다.

낭지는 하룻저녁에 당나라의 청량산을 다녀오곤 했다. 스님들은 그 사실을 믿지 않았다. 그 절의 높은 분이 스님들에게 명했다. "모두 자기가 사는 데로 가서 이름난 꽃과 진귀한 식물을 가져오너라."

이튿날 낭지가 좀 전에 꺾은 나뭇가지를 들고 흰 구름을 타고 왔다. 한 스님이 깜짝 놀라는 거였다. "이 나무는 서천축과 해동의 두 영취산에만 납니다. 거긴 보현보살님이 사시는 데니 이분은 성자가 분명합니다."

까마귀의 말까지 알아들은 낭지는 그 후로 하늘과도 통했다고 알려져 있다.

연회의 은신

8세기 말엽, 연회 법사는 영취산 한 암자에서 정진을 거듭한다. 뜰 안의 연못에는 연꽃이 한번 피더니 계절이 바뀌어도 그대로였다. 신라 원성왕이 이 신이한 이야기를 듣고 연회를 국사로 삼으려 했다. 그러자 법사는 암자를 떠나버렸다.

그가 서쪽 고갯마루의 바위를 넘어갈 때였다. 한 노인이 밭을 갈다가 어딜 가느냐고 물었다. 법사가 대답했다. "대왕께서 뭘 잘못 들으셨는지 저를 국사로 임명하려 해서 도망치는 중입니다." 노인은 이 말을 듣고 고개를 갸우뚱했다. "여기서 몸을 팔지 왜 먼 데서 팔려고 용 쓰는가? 스님이야말로 이름 팔기를 좋아하는군." 연회는 자기를 비꼰다고 여기고는 흘려듣고 몇 리를 더 달아났다. 시냇가에서 다다르자 한 노파가, 어딜 가느냐고 물었다. 연회는 조금 전과 비슷하게 대답했다. 노파가 되물었다. "아까 누굴 만난 거요?" 연회가 대답했다. "한 노인을 만났는데 업신여기기에 불쾌해서 와버렸습니다." 노파가 말했다. "그분은 문수보살이신데 그 말씀을 흘려들었으니 어쩌지요?"

연회는 놀랍고도 송구스러워 급히 그 노인에게 되돌아가서 물었다. "성인의 말씀을 감히 거역하곤 염치없이 돌아왔습니다. 근데, 시냇가의 그 노파는 누구이옵니까?" 노인이 대답했다. "그는 변재천녀(辯才天女, 부처의 법을 노래하는 신령)이시다."

법사는 암자로 돌아왔다. 좀 있으니 왕의 사자가 왔다. 연회는 왕의 명대로 대궐로 들어갔다. 왕은 그를 국사에 봉했다.

혜현의 혀

백제 무왕(제30대, 600~641년) 때의 일이다. 혜현 법사는 수덕사에 머무르고 있었다. 그 어렵다는 법화경을 술술 외웠다. 한날은 법당에 온 신도의 신발을 세는 버릇을 알아챘다. 신발이 많을수록 복전함이 두둑해진다는 생각을 하며 좋아하는, 속물이 되어버린 자신을 발견한 것이다. 대중 앞에 서서 세 치 혀로 법문 가르쳐온 제 모습이 낯설게 느껴졌다. 진정 고요함을 찾아 수행승의 본모습으로 돌아갈 때라는 걸 깨달았다.

법사는 노구를 이끌고 속리산을 떠나 달라산(월출산)으로 갔다. 굴에 들어앉아 법화경을 읊으며 정진했다. 어느 날 저녁에 범의 울음소리가 들렸다. 승려들이 내려오라 해도 법사는 끄떡도 하지 않았다. 범이 굴 앞을 어슬렁거렸다. "범아. 배가 고파 못 살겠으면 지금 나를 먹고, 피 냄새 맡으려고 잠시 왔다면 돌아가거라. 내가 할 일이 있으니 담에 와. 내 죽을 때쯤 와서 잡아먹어라. 미처 전하지 못한 법문은 마저 해야 하니 그건 남겨두고."

범이 순순히 물러갔다. 법사는 이대로 경전을 파먹다가 저승 가야겠다고 다짐한 터였다. 홀로 앉아 잡념을 끊으니 비로소 삶이 보였다. '시간은 그걸 생각하는 순간에도 지나간다. 하나에 몰입해도 사는 건 잠깐이니 그 잠깐을 영원으로 만들자. 나를 팽팽하게 잡아당기는 이것이 뭐냐' 질문하며 법사는 굴을 떠나지 않았다.

며칠 뒤에 승려들이 데리러 오니 법사가 말했다. "범이 알아듣고 갔으니 다시 올 거다. 내가 죽고난 뒤에 오더라도 내 주검을 그대로 두게." 법사는 관세음보살보문품을 음송하기 시작했다. "거룩한 모습 두루 갖추신 세존이시여! 여쭈오니, 그 어떠한 인연으로 관세음보살이라 부르십니까……." 법사가 입적하니 승려들은 주검을 놓아두고 갔다. 예상대로 범이 와선 그 시신을 먹고 갔다. 해골과 혀만 남겨두고.

꽃이 피고 지길 세 해. 그해에도 찬 바람 불 때까지 붉은 혀는 그대로 남아 있었다. 혀는 점점 더 붉고 더 연해졌다. 나중에는 변해서 딱딱해지니 승려들이 그 혀를 석탑 안에 모셔두었다, 사리처럼.

신충의 원가(怨歌)와 잣나무

한번 놓은 바둑돌은 무를 수 없듯 군자의 입은 천금 같아야 한다. 왕자 승경은 궁정의 잣나무 아래에서 선비 신충과 바둑을 두며 약속을 했다. "훗날 내가 왕이 되었을 때 만약 그대를 잊는다면 저 잣나무가 증거가 돼 줄 거요." 신충은 승경에게 감사의 절을 했다.

승경은 몇 달 뒤 효성왕(제34대, 737~742년)이 된다. 왕은 공신들을 치하하면서 신충에겐 상 주는 걸 깜빡 잊었다. 신충은 왕을 원망하는 노래 가사를 적어 가지에다 걸어두었다. 잣나무가 말라 죽어갔다. 왕이 괴이하게 여겨 사람을 보냈더니, 신충이 지은 노래 가사를 갖다 바쳤다. 왕은 깜짝 놀랐다. "나랏일이 너무 바빠 「각궁(角弓)」– 주나라의 유왕이 간신들을 좋아하니 친인척들이 원망하면서 지었다는 시 – 을 잊고 지낼 뻔했구나." 왕은 신충을 불러 벼슬을 주었다. 잣나무에 물이 돌고 가지에 새잎이 났다.

> 뜰 앞의 잣나무를 바라보니/ 가을도 아닌데 시들어가네/ 자네를 어찌 잊으리오 하시던 말씀/ 우러러 뵙던 얼굴 있지마는/ 달그림자 비친 연못 위로/ 일렁이는 물결에 마음 흔들려/ 님의 얼굴 떠올려 봐도/ 세상일 그저 아쉽기만 하네

진골 출신이 지은 유일한 향가인 「원가(怨歌)」이다. 후렴구가 전하지 않는 이 가사를 보면, 향가의 숭고한 내용이 많이 변

했음을 알 수 있다. 신충의 행실을 살펴보건대 능란한 처세술을 향가에 이용했다고 볼 수도 있겠다. 어쨌거나 신충을 아낀 임금의 마음은 다음 임금인 경덕왕까지 이어졌다. 신충은 벼슬이 상대등까지 올랐으나 벼슬을 내려놓고 남악으로 들어가야 했다. 당나라의 궁정 양식과 정책을 받아들인 경덕왕의 한화정책에 반대하고 스스로 물러나서다. 왕이 두 번씩 불렀으나 산속에서 나오지 않았다. 나중에는 승려가 되어 단속사를 짓고 살았다. 그곳 금당의 뒷벽에 경덕왕의 진영을 모시고 복을 빌기를 원했다. 왕이 허락하자 신충은 법당에서 정진하며 여생을 보냈다. 효성왕을 탓하며 지은 원가가 결국 자신의 권력욕을 노래한 것이었다는 사실을 받아들였기에.

비슬산의 두 성인

신라 때의 관기와 도성은 포산(包山, 지금의 비슬산)에 숨어 살았다. 관기는 남쪽 고개에, 도성은 북쪽 굴에서 암자를 짓고 서로 십 리가량 떨어져 있었다. 두 사람은 낮엔 구름을 헤치고 달밤이면 노래하면서 오갔다. 도성이 관기를 부르면 나무가 남쪽으로 휘어지며 관기를 맞이하는 것 같아 관기는 도성에게 갔다. 관기가 도성을 보고 싶으면 나무가 북쪽으로 구부러져 도성이 관기에게로 갔다. 어느 날 도성이 뒷산 바위에서 온몸을 솟구쳐 하늘로 떠났다. 얼마 후에 관기도 그렇게 세상을 떴다. 도성이 도를 닦던 바위 아래엔 훗날 사람들이 도성암을 지어 그의 덕을 기린다.

비슬산은 일연스님이 가장 많은 시간을 보냈던 곳. 스님은 스물세 살(1228년)에 보당암에서 첫 인연을 맺은 이래 여기서 35년을 살았다. 대장경을 만들기 위해 남해 정림사로 옮겨간 때를 빼고는 이 산을 옮겨다니면서 지낸 것이다. 몽골군이 쳐들어 왔을 때도 이곳을 떠나지 않았다. 오자주(五字呪, 다섯 글자로 된 주문)를 염하며 나라의 앞날을 빌었다. 와중에 문수보살의 감응을 받고 무주암으로 거처를 옮겼다. 거기서 '삶의 경계는 줄어들지 않고 부처의 경계는 더함이 없다'라는 구절을 화두로 암구했다. 그리고 '오늘에야 비로소 삼계(三界, 천지인)가 꿈만 같고 대지가 털끝만큼의 거리낌도 없음을 알았다'고 일갈했다.

일연 스님은 경작지를 앗기고 산간벽지에서 화전민이 될 수밖에 없었던 백성들과 함께 살았다. 왕실에서 주는 호사는 기어이 마다했다. 이 시절에 '장맛을 본 적이 없고, 무심한 구름을 보면 부끄러워 고개를 숙였다'는 참회를 남긴다. 보당암, 무주암, 인흥사 등 비슬산 인근의 거처 가운데서도 비슬산이 가장 좋았던 모양이다.

비슬산(대구광역시 달성군) *달성문화재단

영재와 도적들

영재는 신라 원성왕(제38대, 785~798년) 때의 승려이다. 스님은 익살스러운 성격에다 재물 욕심이 없고, 향가까지 잘 불렀다. 구순이 다 된 늘그막에 남악(南岳, 지리산)에서 은거하려고 길을 갔다. 대현령에 이르러 60명이 넘는 도적들이 나타났다. 한 도적이 으름장을 놓았다. "가진 거 내놔. 안 그러면 작살 내겠다."

스님은 말없이 갈 길을 갔다. 칼날 앞에서도 두려워하는 기색이 없었다. 도적들이 다시 길을 막고 위협했으나 스님은 길에 드러누웠다. 어이가 없었던지 도적들이 물었다. "영감은 누구요?" 스님이 대답했다. "난 영재라는 중이오." 도적들이 평소 들어본, 향가를 잘한다는 스님의 이름이었다. "가진 게 없으면 향가나 한 곡 불러주시오." "그렇다면 서동요를 부를까, 혜성가를 부를까?" "아무거나 불러주시오." "얼씨구! 지금 지어서 해보리다. 이렇게 하자고. 내가 선창할 테니 따라서들 부르시게나." 이 노래가 향가로 내려오는 「우적가(遇賊歌)」이다.

> 내 마음속 깊은 곳에 담긴/ 내 모습 외면하려던 날들/ 바른길 멀다 하며 지나치고/ 숨어서 편한 길 가려 하는구나/ 이 그릇된 파계승의 모습이여/ 다시 돌아가고 싶어라/ 아아, 이 칼날 같은 날들 지나가면/ 쟁기를 지닐 좋은 날이 올 거야/ 아아, 요만큼 착해서는/ 극락 가기에는 턱도 없으리

도적들이 듣고 보니 자신들의 처지를 빗댄 노래 같았다. 그저 감화되어 도적질한 비단 두 필을 되레 내어주니 영재가 말했다. "이 재물이 지옥 가는 증서야. 난 지금 아무것도 없는 산중으로 가서 여생을 보내려는데, 어찌 이런 걸 받겠는가?" 스님은 비단을 내던졌다. 망설이던 도적들은 들고 있던 칼과 창을 줄줄이 내던졌다. 모두 머리를 깎고 영재의 제자가 되었다. 그리곤 지리산에 들어가 다신 세상에 나오지 않았다.

물계자

"가벌이, 화를 푸시게. 을병이, 자네도 왔구먼. 파쟁이, 미안하네. 말달리, 쭉 들이켜게. 미도참, 을보서리, 구병무라, 한잔 받게. 보라국, 고자국, 골포국 전사들아 모두 한잔하게나."

술잔을 허공에 부딪치던 물계자(勿稽子)가 벼락(칼의 이름)을 뽑아 들고 춤추니 혼령들이 어우렁더우렁 함께했다. 몰래 지켜보던 아내가 나섰다. "여보, 아무도 없어요. 그만 집으로 가요." 물계자가 아내에게 말했다. "난 지은 죗값을 받고 있소. 귀신 들린 게 아니오." 봉두난발의 물계자는 거문고를 타며 회한의 노래를 불렀다.

바다가 울어 성난 물결/ 야윈 밤중에 온 땅 뒤집어/ 미르가 짓나니/ 구비를 치나니/ 벼락아 너는 아느냐/ 사나이의 아픈 가슴을…….

신라 내해왕(제10대, 196~230년) 때의 일이다. 물계자는 청년들을 모아 나라를 위해 싸웠다. 태자 날음과 장군 일벌이 주변의 여덟 나라를 아울렀다. 물계자의 공훈은 단연 으뜸이었다. 하지만 표창은 태자에게 돌아갔다.

스승에게 상을 주지 않는다며 제자들이 태자를 원망했다. 물계자는 임금의 뜻이 그런데 태자를 원망해선 안 된다고 했다. 그렇다면 이 부당함을 임금에게 아뢰는 것이 옳지 않으냐고 제자들이 말했다. 물계자는 공을 자랑하고 자기를 앞세우려고 남을 가리는 건 선비가 할 바가 아니니 때를 기다리자, 하며 제자들을 다독였다.

220년경, 골포국 등 세 나라가 신라를 침범해 왔다. 임금이 친히 군사를 거느리고 이를 물리쳤다. 물계자도 제자들을 이끌고 나가 싸웠다. 물리친 적병의 수를 따지더라도 물계자의 공이 가장 컸다. 대궐에서는 그의 공을 말하지 않았다. 물계자는 아내에게 말했다. "임금이 위태로울 땐 목숨을 바치고, 환란을 당할 땐 자신의 생사를 돌보지 않는 것을 충이라 했소. 보라국과 싸울 땐 이사금이 위태로움에 빠졌소. 내가 목숨을 바치는 용맹이 없었으니 불충하기 이를 데 없는 사람이오."

이번에 물계자는 제자들에게 공을 돌려 상을 받도록 했다. 자신은 머리를 풀어헤치고 거문고를 메고 사체산으로 들어갔다. 산속에서 거문고를 타며 곡조를 짓고 노래했다. 그간의 살상 행위를 뉘우치며 다시는 시끄러운 세상에 나오지 않았다.

영여사는 어디로 갔을까

세상엔 믿을 수 없는 일이 많다. 눈에 보이지 않아서 못 믿기도 하고, 보고도 못 믿는 일도 있다. 경주 남산 실제사(實際寺)에 머물던 영여사(迎如師)는 언제 어디서 태어났는지, 그 성씨가 뭔지도 알려지지 않았다. 덕망이 높고 행실이 발랐기에 널리 백성들의 우러름을 받았다.

신라 경덕왕(제35대, 742~765년) 때다. 왕이 영여사에게 공양을 드리려고 사람을 보냈다. 스님은 왕의 후의를 정중히 거절했다. 한번 먹은 마음을 왕이 그만둘 리가 없었다. 기어이 스님을 모셔 대궐에서 재를 치르도록 준비했다. 왕은 사람을 시켜 스님을 절까지 모시도록 했다. 스님을 태운 가마가 절 앞에 다

다랐을 때였다. 눈 깜짝할 사이에 스님이 사라졌다. 아무리 찾아봐도 자취를 알지 못했다. 왕은 기이하게 생각하고서 스님을 국사로 추봉했다. 이 사실을 아는지 모르는지 영여사는 꼭꼭 숨어서 세상으로 나오지 않았다. 스님이 머물던 절은 나중에 국사방(國師房)이 되었다.

승려란 길 떠나며 수행하는 운수납자(雲水衲子)[9]이다. 먹고살기 좋다고 주지나 방장 자리에 매이면 그때부터 '진아(眞我)[10]'는 없어지는 법. 대궐에서 수라상을 그저 차려줄 리가 없고, 그걸 알아차리고서 사라진 영여사. 일신의 영예보다 궁극의 진리를 추구한 일화라고 하겠다.

천성산의 다섯 비구

장례를 성대하게 치르고자 하는 제자들에게 장자가 말했다. "죽으면 육신은 새가 쪼아 먹어 허공으로 사라지고 벌레가 갉아 먹어 땅으로 흩어지느니라. 내 죽음에 가장 자연스러운 장

9 돌아다니는 승려를 무상한 구름과 물에 비유하여 이르는 말.

10 무아(無我)의 반대 개념으로, 수행을 통해 찾을 수 있는 진정한 자아(참나 혹은 참 본성)를 가리킨다.

례를 해 다오." 며칠 뒤 장자의 시신은 초원 위에 놓여졌다. 새가 날아오고 벌레들이 기어 나와 장자의 시신을 파먹었다.

천성산 미타암(양산시 소주동) *양산시

신라 경덕왕 때부터 내려오는 이야기가 있다. 삽량주(양산) 동북쪽에 있는 포천산(천성산)의 석굴은 사람이 만든 것같이 아름다웠다. 다섯 비구가 수십 년간 수행하던 중이라 굴속에서는 아미타불을 염하는 소리가 끊이지를 않았다.

하루는 서쪽에서 성자들이 와서 비구들을 각각 연화좌에 앉혔다. 비구들은 허공으로 떠 가다가 통도사의 문밖에 이르러서 육신을 벗었다. 하늘에선 풍악 소리가 울렸다. 비구들이 무상(無常)과, 고(苦)와, 공(空)의 이치를 밝히고는 큰 빛을 내비치면서 서쪽으로 날아갔다. 육신을 버린 곳엔 유해가 떨어져 있었다. 그곳에 스님들이 정자를 짓고 치루(置樓)[11]라 불렀다.

천성산 미타암에 있는 이 '굴법당'은 다섯 비구가 목숨을 바친 끝에 부처가 된 곳으로 알려져 있다.

염불사의 끝없는 염불

8세기 후반의 일이다. 신라 경주에선 염불 소리가 끊이질 않았다. 남산 동쪽 기슭에 피리촌(避里村)[12]이 있고, 피리사(避里寺)에는 괴상한 스님이 있었다. 밤낮 염불이 흘러나오니 백성들은 그 소리를 위안 삼아 고된 일상을 견딜 수 있었다. 염불의 주인공이 누구인지는 알 수 없었으나 낭랑하고 구성진 나무아미타불 소리는 사방 17만 호까지 퍼져나갔다. 스님을 이상히 여겼어도 다들 공경하여 그를 염불사(念佛師)라 불렀다. 스님이 열반한 뒤엔 소상을 만들어 민장사에 모셨다. 피리사는 염

11 유해를 빻아 둔 곳.

12 경주 남산동에 있는 안말(내촌 또는 내촌리)로 추정.

불사로 이름을 고쳐 불렀다.

당시는 한화정책을 적극적으로 받아들였기에 당나라와 사이가 좋던 때다. 신라는 당나라의 요청으로 말갈의 남쪽을 공격했으나 폭설로 전쟁은 중단되었다. 통일신라의 국경은 그때부터 패강(浿江, 대동강) 이남으로 굳어졌다. 경덕왕은 규범과 의복까지 당나라와 똑같이 해서 백성들의 불만이 높아졌다. 가뭄이 오래되고 겨울에도 장맛비가 내리는 기상이변이 생겼다. 백성들의 원성을 무마하려고 신하들로부터 세금을 많이 거두니 그 불만을 이기지 못한 상대등 김사인이 사직서를 냈다. 김신충을 그 자리에 앉히고 정책을 밀어붙였으나 상대등이 시중과 함께 물러났다. 김만종이 상대등에, 김기가 시중에 임명되니 손발이 맞았다. 김기는 모든 관청과 관직 이름을 당나라식으로 고치고 유교 정책을 밀어붙였다.

김기가 죽고 염상이, 2년 후엔 김옹이, 3년 뒤엔 김양상이 시중에 임명되었다. 경덕왕이 승하하자 여덟 살 난 태자가 임금(혜공왕)이 되었다. 만월 왕후의 섭정에 신하들의 반란이 이어졌다. 궁중의 기강이 문란해지고 백성들의 불안만큼 염불사의 염불 소리는 드높았다. 피리사에서 들려오던 이 소리는 모반을 준비하던 김양상과 김경신에겐 좋게 들렸을 리가 없다. 결국 혜공왕을 시해한 김양상이 제37대 임금(원성왕)이 되었다.

염불 소리가 뚝 끊겼다. 아침저녁 염불을 하며 산 염불사. 백성들의 유일한 위안이던 스님의 나무아미타불 소리. 1200년 전 그 염불이 요즘은 사방에서 들려온다. 나무아미타불, 나무아미타불…….

효와 선을 다 이룬 진정사

신라 문무왕(661~681년) 때다. 진정 스님은 청년 시절 군역에 종사하고 있었다. 집이 가난해서 장가를 갈 수 없었다. 군역에 있으면서도 품을 팔아 홀어머니를 모셨다. 재산이라고는 다리 부러진 솥 하나뿐이었다.

어느 날 한 스님이 시주를 달라고 했다. 어머니는 줄 게 없어서 솥을 줬다. 아들이 말했다.

"우리같이 가난한 살림에도 시주할 수 있어서 좋아요. 절 짓는 데에 조금이라도 보탬이 될 거니까요. 솥 없다고 밥을 못 하겠습니까?" 아들은 와분(瓦盆)에다 밥을 지어 어머니한테 드렸다.

한날은 의상 법사가 태백산에서 대중 설법을 한다는 이야기를 듣고 어머니한테 말했다. "어머니를 모신 다음엔 의상 스님의 문하로 들어가겠습니다." 어머니가 말했다. "부처님의 법은 만나기가 어렵고 시간은 지나간다. 내 죽은 다음이면 늦어. 살아생전 네가 불도를 아는 것만 하겠느냐? 빨리 가는 게 좋겠구나." 아들이 말했다. "어머니를 홀로 두고 어찌 출가하겠습니까?" 어머니가 다시 말했다. "그 때문에 출가를 못 한다면 날 지옥에 빠뜨리는 게야. 남의 문간에서 먹고 자도 천수를 누릴 수 있어. 진심 효도하고 싶다면 그런 말 마라."

어머니는 곧장 쌀자루를 털어 보였다. 일곱 되가 남아 있었다. 한 되로 밥을 짓고 다그쳤다. "네가 밥 다 지어 먹고 가면 더디 갈까 두렵구나. 한 되 밥을 집에서 먹고 엿 되 쌀은 지니고 가거라." 아들은 흐느껴 울었다. "차마 어머니를 두고 갈 수 없습니다. 게다가 먹을거리까지 싸서 간다면 하늘이 뭐라 하겠습니까?" 아들은 못 간다고 세 번 사양했으나 어머니는 네 번을 권했다. 어머니의 뜻을 어기지 못해 아들은 집을 나섰다. 사흘 만에 태백산에 이르러 의상 법사의 문하로 들어갔다. 스승은 제자에게 진정(眞正)이라는 법명을 지어줬다.

3년 후 어머니의 부고가 왔다.

진정 스님은 가부좌(跏趺坐)[13]를 틀고 선정에 들어갔다. 7일

---

13 수행 자세의 한 가지로, 좌우의 발을 양 허벅지에 바짝 올려 바닥에 밀착해서 앉는 법.

만에 깨달음을 얻고 자리에서 일어났다. 스님인들 어찌 슬프지 않았겠는가? 다만 근원으로 돌아간 것이니 되돌릴 수 없음을 알고 고요히 영면을 기도했을 뿐. 그 옛날 장자가 아내의 죽음 앞에서 물동이를 두들기며 노래한 것과 다를 바 없을 듯하다. 정진한다는 이유로 불효하기도 하고 속가에서 효도에 매여 깨우침에서 멀어지기 쉬운데, 진정사는 두 가지를 다 이룬 승려이다.

두 생의 부모에게 효도한 김대성

경주 모량리에 사는 한 아이가 가난한 홀어머니(경조)의 품에서 자란다. 아이는 머리가 크고 이마가 널따란 게 마치 성곽을 닮았다고 대성(大城)이라 이름 지었다.

대성은 복안이라는 부자의 집에서 어머니가 품팔이하면서 받은 밭뙈기를 경작하며 살았다. 어느 날 점개 스님이 복안의 집에 와서 흥륜사에서 열릴 육륜회(六輪會)[14]의 시주를 권했다. 복안이 베를 시주하니 스님이 축원했다. "이렇게 보태주시

14 신라에서 고려 때까지 널리 행해진 불교의 수행 법회 가운데 하나. 인간의 모든 감각 기관으로 지은 죄를 참회하는 법회이다.

니 부처님께서 지켜주실 겁니다. 하나를 보시하면 만 배를 얻을 것이니 평생 행복하게 사실 거고요."

대성이 어머니한테 달려갔다. "어머니, 어떤 스님의 말씀이 한 개를 보시하면 만 개를 얻는대요. 우린 전생에 착한 일을 못해서 이렇게 사나 봐요. 지금 보시하지 않는다면 내세에도 가난하게 살 거예요. 제가 일구는 밭을 절에 바치고 나중에 부자로 살아요." 어머니도 옳다 하여 그 밭을 스님에게 시주했다.

그로부터 얼마 안 있어 대성이 죽었다. 그날 밤 재상 김문량의 집에 하늘의 소리가 들려왔다. "모량리에 사는 대성이란 아이가 이제 네 자식으로 태어날 것이야."

김문량이 사람을 시켜 모량리를 수소문했다. 과연 간밤에 들은 하늘의 소리가 대성의 집에서 똑같이 들리는 것이었다. 그날 김문량의 아내가 임신한다. 열 달 후 아기를 낳았는데, 아기가 왼손을 꽉 쥐고 나왔다. 손에는 대성이라는 글자를 새긴 패쪽을 들고 있었다. 김문량은 아기의 이름을 죽은 모량리 청년의 이름으로 짓고 그 어머니를 모셔와서 함께 살았다.

대성은 커서 사냥을 좋아했다. 한날은 토함산에서 곰을 잡고 주막에서 잠을 잤다. 꿈에 곰귀신이 나타났다. "네가 날 죽였으니 이제 내가 널 잡아먹겠다." 대성이 용서를 빌자 귀신이 절을 세워 주면 된다고 했다. 꿈을 깨니 잠자리에 식은땀이 흥건했다. 이때부터 대성은 사냥을 끊었다. 곰을 사냥한 자리에는 장수사(長壽寺)를 세웠다. 현생의 부모를 위해 불국사를 짓고, 전생의 부모를 위해 석불사(석굴암)를 세운 것이다. 한 몸으로 두 생에 걸쳐 부모를 행복하게 한 김대성의 이야기다.

석굴암(경주시 진현동) 본존불

김대성이 세운 절, 불국사(경주시 진현동)

향득의 다릿살 공양

신라 경덕왕(742~765년) 때에 흉년이 든다. 먹을 게 없어 마을엔 도둑이 들끓었다. 백성들의 일부는 산으로 들어가서 살았다. 산적이 되어 행인의 봇짐을 털고 신체 일부를 잘라가기도 했다.

어느 날 왕이 중시에게 말했다. "곡식을 꺼내 향득 사지에게 상을 내리시오." 중시가 아뢰었다. "곳간에 곡식이 많지 않은데, 얼마나 내릴까요?" "이왕 할 거면 오백 석은 줘야지." "이 가뭄에 그 많은 곡식을 한 사람에게 내리시면 말이 많을 것입니다." 경덕왕이 채근했다. "착한 백성에게 곡식을 주는데 누가 뭐라겠소? 어떤 집에서는 먹을 게 없어 자식을 강에 버리거나 산에 묻기도 하고, 차마 묻지 못해 잡아먹는 일도 있다 했잖소?"

향득이 절뚝거리며 와서 어전에 엎드렸다. 왕이 집안 형편과 자초지종을 물었다. 향득이 아뢰었다. "제 가족이 열둘입니다. 일가친척까지 합치면 암만 아껴 먹어도 감당이 안 됩니다. 모두 저만 보고 삽니다. 열심히 일해도 허기진 입을 감당하기가 어렵습니다. 아버지는 배를 곯아 앓으시니 생살이라도 구워드리는 수밖에요."

왕이 감탄하여 말했다. "다릿살로 아버지를 봉양했으니 참으로 대단하도다. 백성의 귀감이 되는 일이로다. 곡식을 상으로 내리겠다. 아버님께 쌀밥을 지어드리고, 남은 곡식은 일가친지들과 골고루 나누게나."

자신의 다릿살을 베어 부모를 봉양한 이야기가 그냥 나오진 않았을 터다. 신라가 삼국을 아우른 지 백년이 지나도록 백성들의 살림살이는 나아진 게 없었다. 백성은 배가 고파 난리인데 귀족들은 딴짓이었다. 당나라가 어떻고, 궁중의 복식이 어떠하고, 밭뙈기가 얼마냐며 저들만의 호의호식에 몰두했다. 가뭄과 우박이 농사를 망쳐놓은 데다 지진까지 일어나도 궁궐은 밤마다 흥청거렸다.

가난한 향득에 대한 왕의 보살핌은 그나마 다행한 일이었다. 나라의 형편이 어려울수록 못된 사람 벌하기보다 착한 사람에게 상을 줘야 기강이 잡히는 법. '우물쭈물하지 말고 착한 사람들에게 상을 주시라. 밥만 축내는 도둑들에게 나라의 곳간마저 털리기 전에.'

손순, 아이를 묻다

모량리 사람인 손순 내외는 부모를 봉양하며 어린 아들과 살았다. 아버지가 돌아가시자 남의 집에 품을 팔아 노모를 봉양했다. 하루는 아이가 노모의 밥을 뺏어 먹고 있었다. 손순은 보고 있을 수 없어 아이를 나무랐다. 다신 그러지 말라고 해도 끼니때만 되면 아이가 노모의 밥을 먹었다. 나중엔 노모가 몰래 밥을 주기까지 한다는 사실을 알게 되었다. 참고 참다가 손순이 말했다.

"여보, 어머니가 갈수록 기력이 없으신데 밥도 못 드셔. 이대로 가다간 어머니를 일찍 여의겠소. 아이는 새로 얻을 수 있지만, 어머닌 다신 모실 순 없잖소. 차마 못 할 짓이지만 아이를 데리고 산에 갑시다."

입에 풀칠하기도 어려운 아내도 거절할 다른 방도가 없었다. 부부는 아이를 업고 취산 북쪽 골짜기로 갔다. 손순은 땅을 파고 아내는 아이를 업고 한쪽에서 소리 없이 울었다. 땅을 다 파갈 때였다. 구덩이에서 돌종이 나왔다. 그걸 나무에 걸고 두드려 보니 소리가 은은하게 났다. 부처님의 은덕이 틀림없다고 여긴 부부는 다시 아이를 업고 집으로 돌아왔다.

돌종을 들보에 달고 두드리니 그 소리가 대궐까지 갔다. 흥덕왕(777~836년)이 종소리를 듣고 신하에게 일렀다. "저 종소릴 들어보게들. 우웅우웅, 커졌다 작아졌다 영묘하기 이를 데가 없구려. 속히 마을로 가보게."

왕의 사자가 종소리가 나는 손순의 집을 알아내어 사실을 아뢰었다. 왕이 말했다. "옛날 곽거[15]에겐 하늘이 황금솥을 내리셨잖은가! 아이를 묻을 땅에서 돌종이 나왔으니 이 얼마나 좋은 조짐이오?"

왕은 손순에게 집을 하사했다. 해마다 벼 오십 석을 주어 백성들이 그의 효성 – 자식을 산 채로 묻는 일임에도, 당시엔 자식을 잡아먹는 일도 있었다고 하니 – 을 본받게 했다. 손순은 옛집을 희사하여 홍효사(弘孝寺)를 지어 그 돌종을 안치했다. 진성여왕(887~897년) 때는 도적들이 종을 훔쳐 가고 절만 남게 되었다.

눈먼 어머니와 딸

886년, 신라 정강왕 때의 일이다. 목련이 피기 시작하던 봄날, 효종랑은 봄맞이 야유회를 남산 포석정에서 열었다. 젊은

15 아이를 묻다가 금솥을 얻은 후한(後漢) 사람

화랑들이 다들 일찍 모였으나 두 화랑이 늦게 왔다. 그 까닭을 물으니 두 화랑이 이야기했다.

"분황사 동쪽 마을에서 스무 살쯤 된 한 여자를 봤습니다. 여자가 눈먼 어머니를 껴안고 목 놓아 울기에 그 까닭을 물었지요. 마을 사람이 그러데요. 여자의 집이 가난해서 구걸한 쌀로 밥을 지어 어머니를 봉양한 지 여러 해가 되었답니다. 올핸 흉년이 들어 걸식하기도 어려워 남의 집에서 품팔아 받은 곡식을 주인집에 맡겨 놓고 일을 했습니다. 날이 저물면 쌀을 들고 와서 어머니와 같이 밥해 먹고, 잠자고, 새벽엔 주인집에 가서 또 일을 하고요. 며칠째 되던 날에 어머니가 말했습니다. 여태 껄끄러운 밥을 먹어도 마음이 편하더니 요새 먹는 쌀밥은 창자가 찔리는 것같이 맘이 아프구나. 대체 어찌 된 일이냐? 딸은 작년에 풍년이 들어 쌀이 흔해졌다고 거짓말을 할밖에요. 어머니는 이렇게 말했습니다. 내가 눈이 안 보여도 귀는 훤하다. 흉년이 들어 다들 난리라는데 이 쌀 어디서 났느냐? 딸은 사실대로 말하지 않을 수가 없었답니다. 어머니가 통곡을 하는 거였습니다. 딸은 자기가 어머니의 끼니만 생각하고 마음을 살피지 못했음을 탄식하여 울기만 했습니다. 그 광경을 보고 차마 발길을 돌릴 수 없어 이렇게 늦었습니다."

효종랑은 이 말을 듣고 측은해하여 곡식 100석을 모녀에게 보냈다. 한 화랑의 부모도 새 옷을 한 벌 보내고, 많은 화랑들이 곡식 1000석을 모아 보냈다. 모녀의 이 기구한 사연을 알게 된 진성여왕은 곡식 500석과 집 한 채를 내리고, 군사를 보내 도둑이 들지 못하게 했다. 그리고 그 마을을 효양리(孝養里)라 이름 지었다. 나중엔 그 집을 희사해서 절을 삼고 양존사(兩尊寺)라 불렀다.

가난하고 힘없는 이웃을 살피느라 약속마저 늦은 화랑들의 이야기다. 백성들의 아픔을 함께하는 화랑들의 마음이 강물처럼 흘러 통일의 대업을 이루는 본바탕이 되었다.

울산광역시
ULSAN METROPOLITAN CITY
울산문화재단
ULSAN ARTS AND CULTURE FOUNDATION

이 책은 울산문화재단 2022 전문예술인 지원사업의
지원을 받아 발간되었습니다.

뜸뜸이, 한 편 한 편
3분 만에 읽는 삼국유사

초판 1쇄 인쇄 2022년 12월 15일
초판 1쇄 발행 2022년 12월 22일

지은이 장창호
펴낸이 박성복
펴낸곳 도서출판 월인
주 소 01047 서울특별시 강북구 노해로25길 61
등 록 1998년 5월 4일 제6-0364호
전 화 (02)912-5000
팩 스 (02)900-5036
홈페이지 www.worin.net
전자우편 worinnet@hanmail.net

ISBN 978-89-8477-717-0 03900

값은 뒤표지에 있습니다.